高职高专**新媒体运营管理**系列教材

直播运营

程传荣 杜 刚 / 主 编

周海涛 章 萍 任汐颜 王 佳 张黎黎 / 副主编

清华大学出版社
北京

内容简介

本书以项目和任务为引领,让学生以个人或团队的方式完成直播运营的五个项目。以项目任务书、任务指导书(个别任务指导书中包含案例分析的内容)、项目任务评分标准及评分表、项目所需的基本知识、自我练习各板块为载体,有机配合,指导学生学习和实践,以达到提高综合能力,掌握直播运营基本技能及知识的目的。本书主要内容包括认识直播运营、直播运营商业模式选择、直播间环境创建(含基础直播间搭建、多场景直播间搭建、直播间软环境设计三个任务)、组建直播运营团队、直播(含直播前准备、开启直播、下播后落实、直播后复盘和直播营销策划五个任务)。

本书由具有多年一体化课程教学经验的教师和具有实战经验的企业一线专家共同编写,可作为高等职业院校市场营销及相关专业的教学用书,也可供社会培训机构及市场营销新媒体类从业人员参考使用。

本书封面贴有清华大学出版社防伪标签,无标签者不得销售。
版权所有,侵权必究。举报:010-62782989,beiqinquan@tup.tsinghua.edu.cn。

图书在版编目(CIP)数据

直播运营/程传荣,杜刚主编. —北京:清华大学出版社,2023.10(2024.7重印)
高职高专新媒体运营管理系列教材
ISBN 978-7-302-63208-5

Ⅰ. ①直… Ⅱ. ①程… ②杜… Ⅲ. ①网络营销-高等职业教育-教材 Ⅳ. ①F713.365.2

中国国家版本馆 CIP 数据核字(2023)第 052472 号

责任编辑:左卫霞
封面设计:傅瑞学
责任校对:袁 芳
责任印制:杨 艳

出版发行:清华大学出版社
网 址:https://www.tup.com.cn,https://www.wqxuetang.com
地 址:北京清华大学学研大厦 A 座　邮 编:100084
社 总 机:010-83470000　邮 购:010-62786544
投稿与读者服务:010-62776969,c-service@tup.tsinghua.edu.cn
质量反馈:010-62772015,zhiliang@tup.tsinghua.edu.cn
课件下载:https://www.tup.com.cn,010-83470410

印 装 者:三河市人民印务有限公司
经 销:全国新华书店
开 本:185mm×260mm　印 张:10.25　字 数:248 千字
版 次:2023 年 10 月第 1 版　印 次:2024 年 7 月第 2 次印刷
定 价:48.00 元

产品编号:093360-01

丛书序

随着科学技术的不断发展,互联网与信息技术的应用渗透到各行各业,深刻改变了人们的生活习惯,如人际沟通、消费、娱乐等,使社会文化环境发生了巨大的变化,影响着整个社会的变迁。

新媒体在我国的出现正是源于这样的背景,并且在持续、迅速地发生变化,对企业营销活动产生了明显的冲击。微博、微信、短视频平台、小程序及其他各类新信息产品拓宽了新媒体渠道,革新了新媒体传播生态;网红经济和共享经济推动了新媒体产业发展;大数据、云计算、人工智能技术引领传播技术创新;VR技术发掘出更多线上和线下交融的应用场景。移动化、交互化、体验化、定制化、线上线下一体化、全终端大融合的技术,正在让新媒体的创意与内容瞬息万变,受众与技术驱动的"一个内容、多种创意、多次开发;一个产品、多种形态、多次传播"的新媒体,不断释放出更多的红利和能量,更新、改写了营销的生态系统,同时也对企业营销提出了更高的要求,机遇与挑战并存。

除了科技的因素,其他因素也对营销环境产生或大或小的影响,例如,2020年新冠肺炎疫情严重期间,人们线下交流客观上变得十分困难,这使直播带货迅速发展。2020年7月6日,人力资源和社会保障部联合国家市场监督管理总局、国家统计局向社会发布9个新职业,其中就包括"互联网营销师"职业。

新媒体营销人才能够帮助企业利用新媒体的优势,如多渠道、精准触达、长尾效应、实时化、双向化等来实现企业的营销目标。面对迅速变化的营销环境,企业急需引进或培训新媒体营销人才。因此,培养社会需要的新媒体营销人才成为职业院校相关专业的迫切任务。

在这样的大环境下,许多高职院校进行了有益的尝试,开设了相关的专业或专业方向,根据企业需求开发人才培养方案和课程。例如,北京信息职业技术学院自2014年开始在市场营销专业中开设了新媒体运营管理方向,北京工业职业技术学院自2015年开始在市场营销专业中开设了新媒体营销方向。没有开设这类专业方向的相关专业多数也开设了其中的一些课程,如新媒体营销、微信微博运营、短视频运营、直播营销等。由于该行业紧跟技术的应用,相关技术也在不断地更新、迭代,培训机构及自媒体个人或公司也正在或已经进入这个培训市场。最近三四年,市面上与新媒体营销相关的教材、书籍开始变多。

作为多年从事该领域教学的教师,从高等职业教育教学实践的角度来看,市面上能直接用于高职新媒体营销类课程教学的优秀教材较少。目前的教材或者是由学者编写的偏重于理论方面的教材,或者是由企业、培训机构有实操经验的人员编写的偏重于实操方面的图书。第一种教材理论性强而实战性不足,内容更新也较慢。第二种图书实战性强,但结构性较差,往往不成体系,内容相对片面,侧重如何去做,但对于为什么要这样做或者理论性阐述较少,有些仅局限在某几个点或某几条线上,不利于高职学生的后续发展。这两类图书均存在不足。基于以上调研,开发一套适用的新媒体营销课程优质教材是本套丛书产生的一个最直接原因。

2019年5月,在清华大学出版社和北京信息职业技术学院的共同推动下,"全国高职高专院校市场营销专业新媒体营销培训及教学研讨会"在北京顺利举办。来自全国30多所高职院校的专业教师和企业专家齐聚一堂,共同研讨,决定开发一套适用于高职层次教学的新媒体运营管理系列教材,由已开设过相关课程的有经验的教师和企业专家联合创作、编写。

本套丛书在编写体例上融入"工作过程一体化"思想,采用项目式教材思路,以项目任务为引领,将相关的知识点融入其中,学生通过项目任务实践获得经验,掌握相关的知识,实现在"做中学"。同时,进行课程的信息化资源建设,以利于线上线下混合式学习。本套丛书的体例为"项目任务书→任务指导书→项目任务评分标准及评分表→基本知识→自我练习",这样的体例设计极大地方便学生学习及教师指导,也方便业内人员自学。

编写团队基于前期对企业相关岗位的调研及课程开发论证,初步确定了以下十一本教材作为本系列教材第一批:《新媒体营销基础》《新媒体运营工具》《互联网营销思维训练》《新媒体文案创作》《微信与微博运营》《社群运营》《新媒体营销实务》《新媒体营销策划》《短视频运营》《直播运营》《新媒体创新创业》。随着信息技术在行业中应用的变化或其他环境因素导致的变化,我们会及时推出满足教学需要的新教材。

我们希望,这套既有理论性又有实战性、既方便学生学又方便教师教的新媒体运营管理系列教材,能够有力地促进职业教育教学质量的提高,为社会培养出更多的企业急需的新媒体营销人才。

高职高专新媒体运营管理系列教材

编写委员会

前言 FOREWORD

《直播运营》是高职高专新媒体运营管理系列教材中的一本。本书是在对企业一线专家深入调研的基础上,结合直播运营岗位的实际工作内容及过程开发。本书系统讲授直播运营的基本理论知识,以项目和任务为引领来实现学生对于直播运营的深入理解和掌握。在项目和任务的设计上,充分考虑了对接岗位工作的内容以及教学的可行性和方便性。

本书主要特色如下。

1. 思政教育有机融合

党的二十大报告提出,要加快发展数字经济,促进数字经济和实体经济深度融合,打造具有国际竞争力的数字产业集群。作为全媒体时代的一种新的运营手段,直播这一经济新形态的诞生是我国近几年数字经济蓬勃发展的一个缩影。本书围绕数字经济新时代下直播运营的新特点、新需要,深入学习贯彻党的二十大精神,深度挖掘直播运营各个环节中专业知识教育与价值教育的融合点,将社会主义核心价值观渗透到教材内容中,将"立德树人"基本要求贯彻于教材编写的全过程,以润物细无声的方式将思政教育与专业知识有机融合,培养"守诚信、善创新、懂技术、会运营"的直播运营人才。

2. 体例先进

本书的体例是项目任务书→任务指导书→项目任务评分标准及评分表→基本知识→自我练习。项目任务书使学生能够全面了解每个项目的要求,以便有目标地学习;任务指导书是为了给学习者"搭梯子",引导其一步一步地完成项目和任务;项目任务评分标准及评分表使学生清楚地知道考核要求及重点,引导其学习,其中部分地引入了企业的考核标准;基本知识对应前面的项目和任务,提供所需的基本理论知识,可以在完成任务前学习,也可以在完成任务时随时查阅;自我练习是通过书面试题巩固学生对基本知识及技能的进一步掌握。这样的体例,将先进的教育与教学理念融入其中,充分考虑了学习的规律性,突出以学生为主的教学理念,有利于激发学生的主观能动性。

3. 教学灵活

本书包括五个项目,分别是认识直播运营、直播运营商业模式选择、直播环境创建、组建直播运营团队和直播。每一个项目又包括若干个任务。本书给出了项目任务考核分值及学时对应情况明细,附在前言后。所有的项目和任务及考核都经过了几轮教学实践,高职教师和社会培训机构可以直接使用,也可以参考教材内容修改为适合自己的教学形式来使用。

4. 提供丰富的配套数字资源

本书为国家"双高计划"专业群建设配套教材,建有在线开放课程,扫描下页二维码即可在线学习该课程,内含微课、动画、图片、视频、测试等丰富的数字教学资源,授课教师可以此为基础开展个性化线上教学。此外,本书精选其中微课视频等优质资源做成二维码在书中进行了关联标注。本书同时还提供PPT、自我练习的答案等。

本书由无锡商业职业技术学院程传荣、北京信息职业技术学院杜刚担任主编,来自企业的周海涛、任汐颜及无锡商业职业技术学院章萍、太原技师学院王佳、山东劳动职业技术学院张黎黎担任副主编,参编人员还有北京信息职业技术学院林小兰、安徽工商职业学院张琰、CCTV融媒体专家林苗,以及来自企业的高意伦、赵林、李煜。具体分工如下:程传荣负责拟定大纲及全书统稿,并编写项目四;杜刚负责大纲论证,并编写项目一的部分内容;周海涛负责大纲论证和编写协调工作;章萍负责编写项目一的部分内容和项目二;王佳和赵林负责编写项目三;张琰和任汐颜负责编写项目五中的任务一和任务二;高意伦负责编写项目五中的任务三;张黎黎负责编写项目五中的任务四;李煜和林小兰负责编写项目五中的任务五;林苗编写部分实践案例。本书由无锡商业职业技术学院经济管理学院院长孙君教授审稿。感谢林小兰老师对本书写作的指导以及在大纲论证时投入的大量工作;感谢韩学军协助制作本书PPT课件及视频资料;感谢李煜老师拿着本书初稿在直播基地实际工作开展中进行的可行性论证;感谢使用本书的兄弟院校。

由于本书涉及的内容较新,教学实践的年限较短,再加上编者水平有限,书中难免存在不足之处,恳请广大读者批评、指正。

编 者
2023 年 4 月

直播运营
在线开放课程

《直播运营》项目任务考核分值及学时对应情况明细

班级：_____   姓名：_____   学号：_____

项目名称	认识直播运营	直播运营商业模式选择	直播间环境创建			组建直播运营团队	直播					小计
项目-任务编号	1	2	3-1	3-2	3-3	4	5-1	5-2	5-3	5-4	5-5	
项目任务名称	认识直播运营	直播运营商业模式选择	基础直播间搭建	多场景直播间搭建	直播间软环境设计	组建直播运营团队	直播前准备	开启直播	下播后落实	直播后复盘	直播营销策划	
课时数	4	6	6	8	10	4	8	6	4	4	4	64
对应分值	5	10	10	10	15	5	15	10	5	5	10	100
实际得分												

目 录

CONTENTS

项目一 认识直播运营 ··· 1
    项目任务书 ··· 1
    任务指导书 ··· 2
    项目任务评分标准及评分表 ································· 6
  基本知识 ·· 6
    一、网络直播的概念、特点及发展历程 ······················ 6
    二、网络直播的类型 ·· 9
    三、直播平台介绍 ·· 10
    自我练习 ·· 15

项目二 直播运营商业模式选择 ····································· 17
    项目任务书 ·· 17
    任务指导书 ·· 18
    项目任务评分标准及评分表 ······························· 20
  基本知识 ·· 20
    一、直播产业链模块 ······································· 20
    二、直播运营商业模式 ···································· 22
    三、直播产品供应链 ······································· 24
    自我练习 ·· 25

项目三 直播间环境创建 ··· 27
  任务一 基础直播间搭建 ···································· 27
    项目任务书 ·· 27
    任务指导书 ·· 28
    项目任务评分标准及评分表 ······························· 29
  基本知识 ·· 29
    一、基础直播间介绍 ······································· 29
    二、直播设备选择 ·· 31
    自我练习 ·· 35
  任务二 多场景直播间搭建 ································ 36
    项目任务书 ·· 36

任务指导书 ……………………………………………………………………… 37
　　　项目任务评分标准及评分表 …………………………………………………… 38
　　基本知识 …………………………………………………………………………… 38
　　　一、不同行业直播间的搭建 …………………………………………………… 39
　　　二、户外直播的场景构建 ……………………………………………………… 40
　　　三、虚拟直播间的搭建 ………………………………………………………… 42
　　　自我练习 ………………………………………………………………………… 43
　任务三　直播间软环境设计 ………………………………………………………… 44
　　　项目任务书 ……………………………………………………………………… 44
　　　任务指导书 ……………………………………………………………………… 45
　　　项目任务评分标准及评分表 …………………………………………………… 46
　　基本知识 …………………………………………………………………………… 47
　　　一、直播软件介绍 ……………………………………………………………… 47
　　　二、不同平台直播软件应用 …………………………………………………… 48
　　　三、直播设备调试 ……………………………………………………………… 64
　　　自我练习 ………………………………………………………………………… 66

项目四　组建直播运营团队 …………………………………………………………… 68
　　　项目任务书 ……………………………………………………………………… 68
　　　任务指导书 ……………………………………………………………………… 69
　　　项目任务评分标准及评分表 …………………………………………………… 71
　　基本知识 …………………………………………………………………………… 71
　　　一、直播团队搭建 ……………………………………………………………… 71
　　　二、高效能直播团队 …………………………………………………………… 83
　　　自我练习 ………………………………………………………………………… 85

项目五　直播 …………………………………………………………………………… 87
　任务一　直播前准备 ………………………………………………………………… 87
　　　项目任务书 ……………………………………………………………………… 87
　　　任务指导书 ……………………………………………………………………… 88
　　　项目任务评分标准及评分表 …………………………………………………… 90
　　基本知识 …………………………………………………………………………… 91
　　　一、直播前准备工作 …………………………………………………………… 91
　　　二、直播中的产品规划及流程设计 …………………………………………… 94
　　　自我练习 ………………………………………………………………………… 100
　任务二　开启直播 …………………………………………………………………… 101
　　　项目任务书 ……………………………………………………………………… 101
　　　任务指导书 ……………………………………………………………………… 101

项目任务评分标准及评分表……………………………………………… 103
　基本知识……………………………………………………………………… 104
　　一、直播流程……………………………………………………………… 104
　　二、直播带货的基本操作及流程………………………………………… 105
　　三、直播过程中的技巧…………………………………………………… 106
　　自我练习…………………………………………………………………… 108

任务三　下播后落实………………………………………………………… 110
　　项目任务书………………………………………………………………… 110
　　任务指导书………………………………………………………………… 110
　　项目任务评分标准及评分表……………………………………………… 112
　基本知识……………………………………………………………………… 112
　　一、下播后的跟踪落实…………………………………………………… 112
　　二、下播后的客户维护…………………………………………………… 118
　　自我练习…………………………………………………………………… 119

任务四　直播后复盘………………………………………………………… 120
　　项目任务书………………………………………………………………… 120
　　任务指导书………………………………………………………………… 121
　　项目任务评分标准及评分表……………………………………………… 122
　基本知识……………………………………………………………………… 123
　　一、复盘的概念和主要内容……………………………………………… 123
　　二、数据分析……………………………………………………………… 126
　　三、关键节点的优化方案………………………………………………… 136
　　自我练习…………………………………………………………………… 141

任务五　直播营销策划……………………………………………………… 142
　　项目任务书………………………………………………………………… 142
　　任务指导书………………………………………………………………… 143
　　项目任务评分标准及评分表……………………………………………… 145
　基本知识……………………………………………………………………… 145
　　一、直播间预热引流的三个板块和三个阶段…………………………… 145
　　二、直播间的营销手段…………………………………………………… 149
　　自我练习…………………………………………………………………… 152

参考文献………………………………………………………………………… 154

项目一

认识直播运营

 项目任务书

课内学时	4	课外学时	2
知识目标	1. 对直播有初步的认识 2. 对直播平台有初步的了解 3. 对直播运营有初步的认识		
技能目标	1. 能够对直播平台进行分类 2. 能够选择正确的平台进行直播活动		
素养目标	1. 树立正确的价值观、社会观,文明观看直播 2. 培养自主解决问题的能力 3. 培养严谨细致的学习态度		
项目任务描述	1. 下载淘宝、抖音、京东App 2. 观看淘宝直播,完成表格填写,初步认识淘宝直播 3. 观看抖音直播,完成表格填写,初步认识抖音直播 4. 观看京东直播,完成表格填写,初步认识京东直播 5. 听教师讲解或自行看教材、看相关视频资料、搜索网上相关资料,对不同直播平台进行对比分析		
学习方法	1. 动手实践 2. 听教师讲解		
所涉及的专业知识	1. 网络直播的发展历程 2. 网络直播的类型 3. 不同网络平台的介绍		
本任务与其他任务的关系	本任务是本课程的第一个任务,通过本任务的学习,使学生对直播有一个初步了解,为后续任务的完成打下良好的基础		
学习材料与工具	材料:①项目任务书后所附的基本知识;②在线视频资料 工具:项目任务书、任务指导书、手机、计算机、笔		
学习组织方式	部分步骤以团队为单位组织,部分步骤以个人为单位组织		

任务指导书

完成任务的基本路径如下。

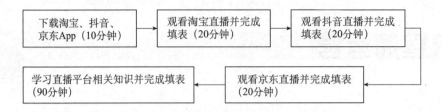

第一步,在手机上安装淘宝、抖音、京东 App。

第二步,打开淘宝 App,进入直播间。

(1) 打开淘宝 App,找到"淘宝直播",如图 1-1 所示,点击进入。

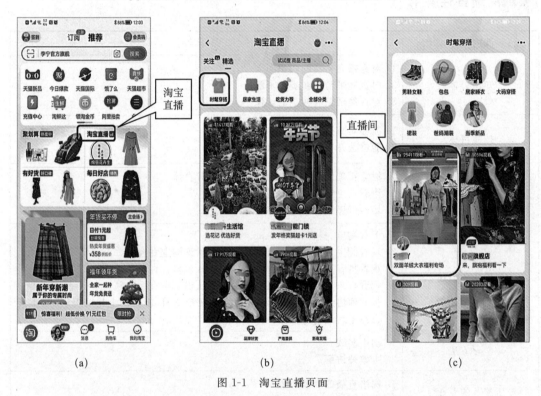

图 1-1 淘宝直播页面

(2) 点击"淘宝直播"页面的"时髦穿搭",进入屏幕中的任意一个直播间,观看不少于 3 分钟,边看边填写表 1-1。

表 1-1 任务产出——淘宝直播间第一印象(1)

观看的直播间的名称是_____,直播 ID 是_____
直播间_____人观看,直播过程中共_____人出镜
直播间有主播_____人,有助播_____人

续表

直播间的观众页面上有_____个按钮	
1._____按钮（描述或画出来）表示的意思是_____ 2._____按钮（描述或画出来）表示的意思是_____ 3._____按钮（描述或画出来）表示的意思是_____ 4._____按钮（描述或画出来）表示的意思是_____ 5._____按钮（描述或画出来）表示的意思是_____	
主播身后的背景	□电子大屏铺满整个背景 □电子屏幕占据了一定的背景 其他：_____
观看过程中，手机屏幕上出现过什么动态信息	
点击直播间观众页面的购物袋图标，点击产品链接，并进行浏览体验	

（3）在"淘宝直播"页面搜索栏输入"鸿星尔克旗舰店"或熟悉的其他品牌的旗舰店，进入该旗舰店，边看边填写表1-2。

表1-2　任务产出——淘宝直播间第一印象（2）

观看的直播间的名称是_____，直播ID是_____	
直播间_____人观看，直播过程中共_____人出镜	
直播间有主播_____人，有助播_____人	
主播身后的背景	□电子大屏铺满整个背景 □电子屏幕占据了一定的背景 其他：_____
直播间观众页面出现的图形或按钮	□＋关注　□领取亲密度　□来点淘赚元宝　□小助理 其他：_____
观看过程中，手机屏幕上出现过什么动态信息	
在直播间观众页找到对话框"跟主播聊什么"，在对话框内输入内容并观察反馈。 输入的内容：_____ □有回复，回复的内容是_____ □无回复	

（4）进入"淘宝直播"页面"居家生活""吃货力荐""全部分类"中的任意一个直播间，观看不少于3分钟，边看边填写表1-3。

表 1-3　任务产出——淘宝直播间第一印象（3）

观看的直播间的名称是_____,直播 ID 是_____	
直播间_____人观看,直播过程中共_____人出镜	
直播间有主播_____人,有助播_____人	
主播身后的背景	□电子大屏铺满整个背景 □电子屏幕占据了一定的背景
	其他：
点击直播间观众页面的空白处,屏幕上出现的变化是_____ 重复点击,屏幕上出现的变化是_____	
观看淘宝直播人群的特点有哪些	

第三步,打开抖音 App,进入直播间。

打开抖音 App,点击右上角的"搜索"按钮,输入"直播",点击后打开任一个直播间,边看边填写表 1-4。

表 1-4　任务产出——抖音直播间第一印象

观看的直播间的名称是_____,直播间_____人观看	
直播间点赞量是_____,直播过程中共_____人出镜	
直播间有主播_____人,有助播_____人	
直播间观众页面出现的图形或按钮有_____个	
1._____按钮（描述或画出来）表示的意思是_____ 2._____按钮（描述或画出来）表示的意思是_____ 3._____按钮（描述或画出来）表示的意思是_____ 4._____按钮（描述或画出来）表示的意思是_____ 5._____按钮（描述或画出来）表示的意思是_____	
主播身后的背景	□电子大屏铺满整个背景 □电子屏幕占据了一定的背景
	其他：
观看过程中,手机屏幕上出现过什么动态信息	
点击直播间观众页面的小黄车图标,点击产品链接,并进行浏览体验	

第四步,打开京东 App,进入直播间。

打开京东 App,在屏幕下方点击"京东直播",点击后打开任一个直播间,边看边填写表 1-5。

表 1-5　任务产出——京东直播间第一印象

观看的直播间的名称是＿＿＿＿＿＿＿＿＿＿,直播间＿＿＿＿＿＿人观看
直播间点赞量是＿＿＿＿＿,直播过程中共＿＿＿＿＿人出镜
直播间有主播＿＿＿＿＿人,有助播＿＿＿＿＿人
直播间观众页面出现的图形或按钮有＿＿＿＿＿个
1.＿＿＿＿＿按钮(描述或画出来)表示的意思是＿＿＿＿＿＿＿＿＿＿＿＿＿＿ 2.＿＿＿＿＿按钮(描述或画出来)表示的意思是＿＿＿＿＿＿＿＿＿＿＿＿＿＿ 3.＿＿＿＿＿按钮(描述或画出来)表示的意思是＿＿＿＿＿＿＿＿＿＿＿＿＿＿ 4.＿＿＿＿＿按钮(描述或画出来)表示的意思是＿＿＿＿＿＿＿＿＿＿＿＿＿＿ 5.＿＿＿＿＿按钮(描述或画出来)表示的意思是＿＿＿＿＿＿＿＿＿＿＿＿＿＿

主播身后的背景	□电子大屏铺满整个背景 □电子屏幕占据了一定的背景
	其他:＿＿＿＿＿＿＿＿＿＿＿＿＿＿＿＿＿＿＿＿＿＿＿＿＿＿

观看过程中,手机屏幕上出现过什么动态信息	

点击直播间观众页面的购物袋图标,点击产品链接,并进行浏览体验

第五步,听教师讲解或自行看教材、看相关视频资料、搜索网上相关资料,填写表 1-6。

表 1-6　任务产出——不同直播平台的对比分析

直播平台名称	淘宝	抖音	京东
平台定位			
用户人群年龄情况			
用户人群性别比例			
平台规模			
平台优势			

项目任务评分标准及评分表

"认识直播运营"评分标准及实际评分表(总分5分)

班级:_____   学生姓名:_____   学生学号:_____

考核标准	分值明细						
	1	1			1	1	1
任务产出	下载、安装淘宝、京东、抖音App	淘宝直播间第一印象			抖音直播间第一印象	京东直播间第一印象	不同直播平台的对比分析
		印象一(0.5)	印象二(0.25)	印象三(0.25)			
评分标准	每安装完成一个App,得0.33分,总分值不超过1分	产出表全部填写无漏项,内容正确得0.5分,如有漏项或错项,每漏(错)填一项扣0.025分(总扣分不超过0.5分)	产出表全部填写无漏项,内容正确得0.25分,如有漏项或错项,每漏(错)填一项扣0.025分(总扣分不超过0.25分)	产出表全部填写无漏项,内容正确得0.25分,如有漏项或错项,每漏(错)填一项扣0.025分(总扣分不超过0.25分)	任务产出表全部填写无漏项,内容正确得1分,如有漏项或错项,每漏(错)填一项扣0.053分(扣分最多不超过1分)	任务产出表全部填写无漏项,内容正确得1分,如有漏项或错项,每漏(错)填一项扣0.053分(扣分最多不超过1分)	填写任务产出表,每个空格填写正确得0.067分,总分为1分
实际得分							
总得分							

基本知识

一、网络直播的概念、特点及发展历程

(一)网络直播的概念

网络直播是基于互联网平台,将现场直播以视讯的方式上传,以供用户进入网站观看的传播形式。凭借互联网的传播快速、内容直观、无地域限制、交互性强等特点,网络直播带来的现场推广效果,较传统的传播方式明显增加。当前我国的网络直播形式主要有以下两种。

(1)借助电视信号的网上观看。这种形式通过采集电视信号,完成数字信号转化后上传网络,以供用户观看。它是网络直播的最初形式,也是沿用至今的形式之一,例如,春晚的直播,以及文艺活动、体育赛事等的直播。

(2)自设独立信号的网上观看。在活动现场架设信号采集设备,自主收

全媒体运营发展现状

新媒体法律、法规

集新视频内容,并将此形成独立信号后传输至导播端,用户通过浏览网址完成观看。

(二) 网络直播的特点

1. 共时性

伴随互联网及移动网络的发展,手机、笔记本电脑、平板电脑等通信设备逐渐普及,人们越来越倾向于通过以上设备获取信息。随着无线局域网(Wi-Fi)的覆盖范围逐步扩大,手机、平板电脑等对流媒体信息的接收能力显著提升。人们如果有观看直播的需求,可拿出随身携带的通信设备,连接 Wi-Fi,搜索直播链接,即可进行观看。在网络直播模式中,视频采集、发布、收看可同时进行。

2. 互动性

互动性是网络直播与传统直播的最大区别。传统媒体在直播事件时只能采用文字、图片、音频、视频等,将现场事件的发展传递给观众,观众与媒体发布者之间、观众与观众之间是无法进行即时交流的。而网络直播不仅可以让用户及时掌握事件的动态信息,还可以与发布者、观看者进行沟通,用户将自己的想法、观点、感受等发表在即时留言板、论坛、弹幕等上面,实现与发布者及其他用户的互动。

3. 灵活性

网络直播内容的采集非常灵活。用户需求的多样性决定网络直播内容的丰富性,包括吃饭、旅游、购物、娱乐等各种不同的活动都可以成为直播的内容,而且内容采集时一般仅需要一部智能手机就可以操作。

网络直播内容的发布非常灵活。无论是专门的直播平台,还是淘宝等电商平台,只要申请入驻并通过审核后便可以轻松发布自己的直播内容。

网络直播内容的接收非常灵活。对用户而言,只要有计算机、智能手机等相关设备,便可以登录直播平台,寻找自己感兴趣的内容。

此外,传统媒体是线性传播的,也就是节目存在一定的播出顺序,观众无法对节目重播的时间进行自主选择。而目前的网络直播视频可以很方便地存储在平台上,观众即使错过直播,也可以在任何时间段登录网络平台进行回放,因此具有很强的灵活性,可以更好地满足受众的观看需求。

4. 平民化

随着智能手机的普及及无线通信技术的发展,网络直播内容生产和发布的门槛已经越来越低,直播已经不仅是一种娱乐方式,更成为网络大众普遍使用的表达方式。无论是明星、网红、意见领袖还是普通网民,都可以登录网络直播平台,发布自己想要分享的内容,并以此为媒介与其他用户进行互动。

5. 平等性

传统传播媒体时代,信息的传播是单向的,即媒体制作后传输给观众收看。在这样的信息传播模式中,内容制作方与用户之间的地位是不平等的,内容制作方具有更大的主动权,处于较高的位置,而用户的地位则比较被动。

在网络直播模式中,内容的制作者与用户之间的地位是平等的,双方均拥有自主选择权,并可基于平台进行互动交流。

(三) 网络直播的发展历程

网络直播的发展历程

直播与视频业紧密相连,是视频业不可分割的一部分,在不同时代直播形式一直在更新。我国的视频,大致经历了从长视频到短视频,从录播到直播,从PC端到移动端几个阶段。视频及直播不是近两年才出现的新生事物,国内的直播最早可以追溯到1984年国庆举行的阅兵直播。这次直播刷新了中国电视收看人数纪录,也是我国首次通过卫星向海外各国转播国庆阅兵。

从电视直播过渡到互联网直播用了20年的时间。互联网直播的互动性及实时性更具有优势,表现内容更为丰富,以YY、9158等互动视频直播平台的成立作为我国互联网直播的1.0时代,互联网直播在国内的发展历程大致可以分为以下4个阶段。

1. 互联网直播1.0时代:PC秀场直播

2005年在互联网产业迅速发展的背景下,以陌生人视频社交为切入点的9158在诸多视频网站中脱颖而出,从最初的网络视频聊天室逐渐发展成为主打美女主播的秀场。此时,语音出身的YY也开始拓展直播业务,开发出了通过成立不同工会培养网红的模式。

2010年在PC秀场直播方面,YY、9158及六间房三大平台占据了大部分市场份额,建立了一套相对成熟的以虚拟物品打赏、会员充值及与品牌商合作为核心的商业模式。

2. 互联网直播2.0时代:PC游戏直播

2014年,YY将游戏直播剥离出来并创建虎牙直播,A站的"生放送"板块被买走并创建斗鱼TV,2015年苏州游视网络科技有限公司借助电竞团队PLU打造了龙珠直播。

近几年我国游戏市场规模快速增长,游戏直播吸引了大量用户的关注,并成为电竞产业完成价值变现的重要组成部分。电竞赛事相对频繁、游戏用户群体购买欲及忠实度较强、游戏直播的娱乐性及社交性更为强烈,从而使其成为继PC秀场之外的第二大独立战场。

3. 互联网直播3.0时代:移动直播、泛娱乐直播

2015年,我国移动视频直播平台大量涌现,主打"分享"及"陪伴"主题的花椒、"映客"及"一直播"等,成功吸引了包括"90后"及"00后"在内的诸多用户群体的一致青睐。由于移动互联网及智能手机的技术持续突破,限制移动直播发展的诸多痛点已经得到有效解决,移动直播进入快速普及推广阶段。

由于内容消费需求进一步升级,为了迎合用户需求,打破时间及空间限制的视频直播不再局限于简单的直播场景,直播平台向覆盖范围更为广泛的泛娱乐领域全面拓展。视频直播与更多的细分领域不断融合成为一种发展趋势。泛娱乐直播包括演唱会直播、赛事直播及综艺节目直播等。视频直播应用范围的全面拓展,也代表着其变现渠道越发多元化,内容供应者及视频直播平台能够从中挖掘出巨大的价值。在泛娱乐的发展下,出现"直播+"形式,使各行各业进军直播行业。

2016年网络直播进入爆发期,这一年网络直播行业诞生了千余家直播平台,用户人数突破3.5亿,被称为直播元年。2016年11月,国家网信办发布了互联网直播服务管理规定,对直播平台资质、主播实名、内容审核等方面做了详尽规定。国家大力整治关闭了不少非法直播平台,大量直播平台在此过程中消失。直播带货在2019年得到了较快的发展。2020年年初突如其来的新冠肺炎疫情使经济活动几乎陷入了停滞,客观环境助推了线上消费的发展,电商直播火爆起来,直播平台模式在淘宝直播的带动下找到了新的盈利方向。

4. 互联网直播4.0年代:VR直播

由于VR在软硬件生产方面都取得实质性突破,VR从概念开始落地为各种产品,将VR应用至视频直播领域后,有望开启一个全新的直播4.0时代。

与普通的视频直播相比,VR直播能为用户提供360°的全景画面,将会有更强的视觉效果及沉浸式体验触手可及的场景,道具及逼真的直播环境,将极大地增强用户的参与感及忠实度,最终使视频直播产业实现跨越式发展。

二、网络直播的类型

(一)按直播内容分类

网络直播的类型非常多,按照直播内容分类,可以分为游戏、秀场、生活、随拍、明星等类型,如表1-7所示。

表1-7 网络直播按内容分类

游戏	秀场	生活	随拍	明星
英雄联盟	聊天	购物	猎奇	访谈
王者荣耀	唱歌	烹饪	展会	探班
穿越火线	MC	美妆	拍卖	演唱会
……	NJ	娱乐	户外	发布会
	舞蹈	旅游	御宅	见面会
	乐器	健身	萌宠	……
	体育	放映室	……	
	沙画	财经		
	二次元	科技		
	……	教学		

(二)按直播平台属性分类

从直播带货的平台属性来看,直播带货分为电商直播和直播电商。但这种分类方法目前还不是很普及,很多时候两者仍混合使用。

1. 电商直播

一般认为,电商直播就是指一些原本做电商的商家在电子商务平台上借助直播功能来更全面地推广自己的产品,让客户在了解相关知识的同时更放心地选择自己的产品,即"电商+直播"。例如,在淘宝、京东、拼多多等平台的直播带货就属于"电商直播"。做直播的主体以电商平台上的商家为主,他们有自己的店铺和团队,通过配置货品来做直播。商家可以把直播当成常态的销售渠道,也可以跟达人直播合作进行新品首发、爆款助力等。核心是做货品规划匹配和营销节奏控制。直播只是其店铺运营里的一个环节,大部分的工作还是以"产品设计、货品规划、消费者运营"为主。

电商平台交易色彩较重,用户购物的目的也比较明确,因而直播购物转化率高;电商平台品类丰富,供应链稳定,可以满足用户多元化的需求,提高观看直播的用户购物体验,达到引流效果;平台流量分发重效率,商家/主播"二八效应"明显,更容易打造平台标杆主播吸引其他商家入局;MCN机构参与度更高,平台可以从红人管理中抽身,专注于平台工具的打造;大品牌入驻率更高,平台也致力于提高整体商品的质量水平。

2. 直播电商

直播电商一般是指"内容+电商",有着多种类型平台,即传统直播平台与娱乐型平台,其发展方向不同,运营方式也不一样。该类直播带货平台的发展特点是:平台属性偏向于内容社区,早期通过娱乐性内容积累大量用户,形成巨大的流量池;平台品类相对有限,集中于转化率较高的服装、美妆等产品,比较符合平台年轻化群体追求颜值提升的需求,也适合"短视频+直播"方式来展示;平台流量分发效率与内容并重。部分内容平台为了开发长尾效应的商业潜力,偏重内容多元化,而有的内容平台重效率,有利于打造"爆款"产品;品牌入驻度较低,因为平台用户在做出购买决策时更关注产品深度内涵和性价比,对品牌的重视度在下降。

中国互联网络信息中心第51次《中国互联网络发展状况统计报告》显示,截至2022年12月,我国网络视频(含短视频)用户规模达10.31亿,较2021年12月增长5 586万,占网民整体的96.5%,其中,短视频用户规模达10.12亿,较2021年12月增长7 770万,占网民整体的94.8%;我国网络购物用户规模达8.45亿,较2021年12月增长319万,占网民整体的79.2%;我国网络直播用户规模达7.51亿,较2021年12月增长4 728万,占网民整体的70.3%。

三、直播平台介绍

(一)直播平台的分类

从2015年下半年开始国内在线直播进入快速发展阶段,2020年上半年,直播更是井喷式爆发,全民直播时代到来。直播平台品类繁多,大致可以分为以下几类。

直播平台介绍

(1)娱乐类直播平台。娱乐类直播主要包括娱乐直播和生活直播两类,其中娱乐直播主要为演唱、舞蹈等,生活直播主要为逛街、做饭、出行等。目前娱乐类的直播平台主要有YYLIVE、斗鱼TV、美拍等。

(2)游戏类直播平台。游戏行业一直是巨头们青睐的对象,特别是电竞在全球的发展带来大量的资本涌入。国内现在的游戏类直播用户主要集中在斗鱼TV、虎牙直播、战旗TV、龙珠直播、火猫等平台。

(3) 购物类直播平台。购物类直播主要通过各类网络达人在"电商＋直播"平台上和粉丝进行互动社交,达到出售商品的目的。购物类直播平台如淘宝、京东、拼多多等,其用户以女性居多,多以大学生、白领为主,消费水平处于中上游。这类直播平台的盈利方式以商品销售为主,增值服务(虚拟道具购买)为辅,吸粉方式主要是网络达人入驻和明星入驻。

(4) 专业领域直播平台。专业领域类直播平台针对的用户人群与其他直播平台有很大不同,它们针对的是有信息知识获取需求的用户,如疯牛、知牛直播等。这类直播可以将人们的注意力从原本枯燥的文字转移为人和口语表述上,通过演讲、辩论等表现力十足的方式呈现在大众面前,因此这类直播平台非常具有发展潜力。

本书主要介绍主流购物类直播平台:淘宝直播平台、京东直播平台、拼多多直播平台、抖音直播平台、快手直播平台和微信直播平台。

(二)淘宝直播平台

1. 淘宝直播平台简介

淘宝直播是阿里巴巴推出的直播平台,定位为"消费类直播",用户可边看边买,现在点开很多淘宝店铺,都可以在首屏位置看到直播显示。截至2022年年底,淘宝直播累计观看人次已经超过520亿。服饰、美妆、家居类传统线下店的直播最为活跃,90%的天猫商家都开通了直播间,其中商家直播带来的成交额占比超过七成。

2. 淘宝直播平台的用户人群

淘宝直播间排在前三位的消费主力分别是"90后""00后"和"80后",女性比例占70%。

从不同年龄段最爱在直播间购买的商品类型来看,"90后""00后"最爱买的前三名分别是美容护肤、女装和彩妆香水。而"60后""70"后在直播间消费最多的则是珠宝首饰等。

从地域来看,江苏、广东、浙江等沿海省份是直播消费人数的前三大省。河南、湖北、四川、安徽等地区同样也热衷在直播间下单。而不同地方消费者在直播间里最爱购买的商品基本一致,美容护肤、服装、家居百货等最为畅销。

3. 淘宝直播平台的优势

(1) 平台市场大。淘宝是中国电商鼻祖,是拥有千亿元 GMV(一定时间段内的成交总额)以及 8 亿用户的全国最大的电商平台,市场规模和潜力都极大。

(2) 平台电商优势。淘宝直播背后是淘宝电商平台,它有先天的电商后端优势,不需要主播挖掘货源,只需要做好选品即可,对于没有供应链资源和经济基础的小主播们来讲,淘宝直播是一个非常好的直播带货入口。

(3) 平台知名度高,黏性强。淘宝平台本身就有极高的知名度和信任度,基于此,消费者本能地对淘宝直播带货平台的主播有偏向性和较强的黏性。再加上主播大力送福利、送优惠的情况下,就进一步促进了消费者的购买欲,提升转化和购买频次。

(4) 平台机制完善。为了刺激消费,提升淘宝直播带货平台的转化率,淘宝直播推出了各种机制,这其中就包括 CPS 佣金及 V 任务,主播(商家)可以零成本入场、零经验起步,除此之外,淘宝大学还提供了各种培训课程帮助淘宝主播提升带货能力。

(三)京东直播平台

1. 京东直播平台简介

2019年,在京东总部举办的京东直播商家机构大会上,时任京东直播负责人表示,2020年,京东向直播间定向投入亿级资源扶持,针对不同发展阶段的商家分层定制营销方案,并针对商家和MCN(multi-channel network,多频道网络)机构启动包括佣金翻倍、场次补贴等一系列利好政策,重磅推出商家赋能"2+2"计划。在多层次、大力度的资源扶持下,京东直播将助力商家迅速成长,以头部带动腰尾部,构建多方共赢、蓬勃健康的京东直播内容生态。

2. 京东直播平台的用户人群

京东拥有稳定的消费人群,其直播平台用户群体主要为城市白领、公司职员,其占比接近四成,他们是品质消费、高频消费的主要人群;在用户消费行为偏好调研中,价值主导型用户占比最高,41%以上的用户在选择商品时对价格不敏感,更多地考虑商品的使用价值;精打细算型用户占比36%,体现为同类商品选择高性价比的商品。

3. 京东直播平台的优势

京东零售、京东物流、京东数科是京东的三驾马车。内部良好的协同机制,给了京东主播得天独厚的竞争优势,京东直播牢牢把握住这一点,帮主播把专业内容+品质供应链+优质服务体验串联起来,创造专属于京东的差异化打法。

(1) 品质心智、强势供应链,为垂直化专业力赋能。"以产品为主导"和"以客户为中心",京东直播倡导主播秉持专业态度,凭借专业优势,精准抓住并表现产品卖点和亮点。

(2) 特色场景化建设为孵化垂类主播赋能。京东也注重为用户提供优质、有趣的内容,致力于品质化直播,聚焦于场景化IP的建设,构建垂类领域精品账号,为用户甄选好价好物。在这一过程中,涌现了大量的优质IP和独具特色的直播间。

(3) 优质内容+扶持政策造就头部主播。京东培育优质主播的决心不只体现在专业力IP和特色场景化IP的打造上,同时也体现在整合站内优势资源并制定扶持政策,孵化京系头部主播上。京东对于这类优质垂类主播的权益扶持,也为主播们的直播增加信心和动力。

(四)拼多多直播平台

1. 拼多多直播平台简介

拼多多直播流量入口包括App首页、搜索结果/场景广告、商品详情页、店铺首页、关注店铺这五个位置,即在消费者行为轨迹的各个环节都有拼多多直播的接口。

2. 拼多多直播平台的用户人群

拼多多直播的定位是低门槛、高转化率工具、丰富营销玩法、私域流量运营工具。拼多多直播平台用户中女性比例较高,女性用户占比达70.1%。拼多多直播在一、二线城市的用户占比为41.2%,更多用户在"低线城市",三线城市用户占比为20.4%,四线及以下城市占比为38.4%。

3. 拼多多直播平台的优势

拼多多直播是商家运营私域流量的一种工具,是一个"行走的直播间"(可在微信生态中做裂变分享),其使命也在于帮助商家在微信体系下做更好的裂变。商家可以在不同阶段采用不同直播运营方式获得更多流量和转化。拼多多直播的优势主要体现在以下几点。

（1）免费获取平台亿级流量。重磅直播活动 App 首页"关注"入口。

（2）快速获取店铺粉丝。直播间高效互动积累粉丝超低成本获取粉丝。

（3）提高订单转化率。增加留存、提升转化、提高客单价，直播开播商家店铺转化提升 15%。

另外，拼多多直播三个阶段运营侧重点有所不同。在探索阶段，商家的主要任务是寻找流量和确定货品定位。就是要想清楚自己直播间的流量从哪儿来、流量构成是怎样的，采取广告购买推荐流量还是主攻社交裂变流量，以及直播间卖些什么、讲些什么。在爬升阶段，店铺直播间运营重点在于主播专业性及粉丝运营（养粉）。主播的专业性较好理解，粉丝运营则是要求商家一是要积极参与活动增加曝光，二是不急于看一时的投入产出比，更多注重粉丝/用户留存率。在领跑阶段，则是要求商家紧跟平台的活动节奏，借助平台的力量提升店铺直播的峰值。

（五）抖音直播平台

1. 抖音直播平台简介

2023 年 2 月 17 日，抖音公布搜索活跃用户数，抖音视频搜索月活用户超 5.5 亿，抖音日均视频搜索量已突破 4 亿。抖音已成为传递知识、娱乐和互动的重要平台，成为信息流＋电商＋直播＋社交＋游戏庞大综合体。抖音直播的成长途径：通过娱乐类内容培养用户看播习惯——不断竖立标杆，打响抖音直播电商声量——布局产业链，加强电商底层基建，做大"小店"规模，宣布打造直播电商闭环——清理电商生态，拥抱品牌商家。

抖音平台的运营机制

抖音平台禁止的不正当竞争行为

2. 抖音直播平台的用户人群

抖音平台用户画像如图 1-2 所示，男性、女性用户偏好度相当；26～35 岁用户偏好度高，占比 35.2%；五线及以下、一线城市偏好度低。

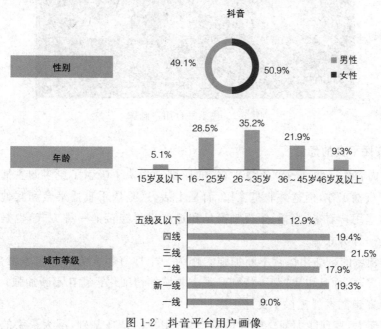

图 1-2　抖音平台用户画像

3. 抖音直播平台的优势

（1）庞大的用户体量。庞大的用户数量意味着用户的多元化，平台影响力能够广泛覆盖多个年龄层、多个兴趣圈层。入驻抖音后，品牌商家或个人都能更多地从中发现与自身品牌调性相契合的人群。依托于抖音内容平台，抖音电商在发展过程中以"短视频＋直播"的双场景模式覆盖了绝大多数用户的生活场景。

（2）抖音以兴趣为基础的推荐机制。抖音可以围绕用户兴趣以视频的形式进行商品推荐，高效触达具有消费意向的用户。因此，这个"内容—观看—兴趣—购买"的完整链路具有超强的爆发力。

（六）快手直播平台

1. 快手直播平台简介

快手平台是典型的短视频和直播应用平台代表。作为普惠的数字社区，快手不仅让数亿普通人记录和分享生活，更帮助人们发现所需、发挥所长。截至2022年12月底，快手日活跃用户数量持续增长，达到3.8亿用户，快手应用累计互关用户对数达267亿对，同比增长63.4%。

2. 快手直播平台的用户人群

快手直播平台用户年轻人占比比较高，达70%以上，男性用户与女性用户基本持平，快手在三、四线城市渗透率较高，三、四线城市用户占比达55%以上，如图1-3所示。

图1-3 快手平台用户画像

3. 快手直播平台的优势

（1）注重内容生产侧、坚持"流量平权"的原则。为快手吸引了更多的主播和用户。主播会在快手上直播工作，但这并非是工作，而是生活，这是快手直播平台和其他平台最大的不同点。在这些用户看来，直播、短视频都是和这个世界连接的一种方式，也是得到别人的理解和认可的一种方式。

（2）垂类领域的精细化运营不断加强。作为一个拥有超大流量的内容聚合平台，快手的内容不仅是"广"，而且也更"细"，特别是垂类领域的精细化运营在不断加强。"普惠流量"的特点为细分赛道的发展提供了良好土壤。

（3）用户庞大，变现能力强。庞大的用户量、用户的信任基础，都为快手的达人变现提供了多种可能性。直播、电商带货、知识付费、广告等,快手为达人们提供了多种变现手段,哪怕是腰部和尾部主播也能够获得普惠的流量和资源。

(七)微信直播平台

1. 微信直播平台简介

微信是使用广泛的社交软件,微信视频号直播也已成为大家熟知的直播方式。视频号中有很多功能与直播业务息息相关:视频号直播主播端美颜、滤镜、连麦、镜像等功能;直播间抽奖工具;用户可通过视频号内容进入及预约直播间;直播间支持用户给主播打赏;发现页设有"附近的直播和人"等。视频号成为一个人人可以记录和创作的平台,也是一个了解他人、连接世界的窗口。

2. 微信直播平台的用户人群

微信用户基数庞大,目前月活跃用户数已经超过 12 亿。任何使用微信的人都有可能成为观看微信直播的人,关注微信公众号的人,浏览微信小程序的人,浏览微信朋友圈的人。

3. 微信直播平台的优势

(1)覆盖面广。微信 App 的用户覆盖率非常高,微信的直播功能开通后,对于众多商家而言,是一个很好的机会。

(2)用户体验感好。首先,用户在微信上观看直播时,只需要用微信扫描一下二维码,或者直接点击直播链接,就能即时收看直播,不需要下载任何 App。其次,微信的直播功能能提升用户的参与感,主播可以全方位向用户展示和讲解产品。最后,用户还可以通过一键式分享给直播间带来更多的流量。

(3)微信直播有助于本地生活落地。基于地理位置的直播,可以简单地被看作本地生活的落地,也可以被看作线下商户的一次线上营销。在商家可覆盖范围内的精准推荐,非常有利于实现商家的转化。打开附近的直播,被商家的直播种草,完成线下消费就成为一个可实现的应用场景。如果商家数量不断增加,打开附近的直播,根据商家的直播内容决定朋友聚会吃什么,用户或将习以为常。

自我练习

一、单项选择题

1. ( )年上半年,直播更是井喷式爆发,全民直播时代到来。
   A. 2018　　　　B. 2019　　　　C. 2020　　　　D. 2021
2. 娱乐类直播主要包括娱乐直播和( )两类。
   A. 生活直播　　B. 游戏直播　　C. 体育直播　　D. 电商直播
3. 下列不属于直播电商平台的是( )。
   A. 淘宝直播　　B. 斗鱼 TV　　 C. 京东直播　　D. 抖音直播
4. 从地域来看,目前不在直播消费人数的前三名的省份是( )。
   A. 江苏　　　　B. 广东　　　　C. 浙江　　　　D. 河南

5. 我国最早的网络直播是通过（　　）来实现的。
   A. PC机　　　　　B. 智能手机　　　　C. 平板电脑　　　　D. 电视
6. 直播行业的主播职业属于（　　）。
   A. 第一产业　　　B. 第二产业　　　　C. 第三产业　　　　D. 销售产业
7. 在直播过程中，主播和粉丝之间的关系是一种（　　）。
   A. 服务与被服务的关系
   B. 主播销售方和粉丝消费者的关系
   C. 粉丝领导与主播被领导的关系
   D. 粉丝的上级和主播的下级的等级关系
8. 在一场直播活动中，最核心的要素是（　　）。
   A. 直播内容　　　B. 主播　　　　　　C. 直播间　　　　　D. 直播间在线粉丝
9. 观众粉丝进入直播间首先看到或注意到的是（　　）。
   A. 直播间的空间设置　　　　　　　　B. 主播的外在形象
   C. 直播软件操作节目　　　　　　　　D. 直播间参与人的外交形象
10. 带货主播的直播间，应当把直播间的空间场景环境设计得像（　　）。
    A. 一间教室　　　　　　　　　　　　B. 一个舞台
    C. 一个舒适的家　　　　　　　　　　D. 一个超市

二、多项选择题

1. 直播平台品类繁多，大致可以分为（　　）。
   A. 娱乐类直播平台　　　　　　　　　B. 游戏类直播平台
   C. 购物类直播平台　　　　　　　　　D. 专业领域直播平台
2. 淘宝直播平台优势包含（　　）。
   A. 平台市场大　　　　　　　　　　　B. 平台电商优势
   C. 平台知名度高，黏性强　　　　　　D. 平台机制完善
3. 微信直播平台优势包含（　　）。
   A. 覆盖面广　　　　　　　　　　　　B. 用户体验感好
   C. 微信直播有助于本地生活落地　　　D. 强有力的推荐机制
4. 通过智能手机进行的网络直播的特点包括（　　）。
   A. 共时性　　　　B. 互动性　　　　　C. 灵活性　　　　　D. 平等性
5. 网络直播按照内容分类可以分为（　　）。
   A. 游戏类　　　　B. 秀场类　　　　　C. 生活类　　　　　D. 随拍类
   E. 明星类

三、判断题

1. 抖音直播平台的优势包括庞大的用户量和抖音以兴趣为基础的推荐机制。（　　）
2. 快手直播平台用户年轻用户占比比较高，达70%以上。（　　）
3. 拼多多直播探索阶段，商家的主要任务是主播专业性以及粉丝运营。（　　）
4. 淘宝直播间排在前三位的消费主力主要是"70后""80后"和"90后"。（　　）
5. 直播运营主要就是主播来运营。（　　）

项目二

直播运营商业模式选择

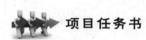 项目任务书

直播运营
商业模式选择

课内学时	6	课外学时	4
知识目标	1. 了解直播产业链的主要模块 2. 掌握常见的直播运营模式 3. 掌握直播常见的供应链模式		
技能目标	1. 能够根据要求分析直播项目的运营模式 2. 能根据要求分析直播项目选品及供应链的管理模式		
素养目标	1. 培养良好的人文素养和精益求精的工匠精神 2. 培养爱岗敬业、诚实守信、勇于开拓创新的职业精神 3. 遵守各直播平台的制度法规,遵纪守法,德法兼修 4. 培养法制意识,坚定制度自信		
项目任务描述	1. 打开淘宝直播平台,分析在淘宝直播中的内容提供方、平台运营方和主要传播渠道 2. 打开小红书直播平台,分析在小红书直播中的内容提供方、平台运营方和主要传播渠道 3. 打开抖音直播平台,分析抖音直播中的内容提供方、平台运营方和主要传播渠道 4. 找出三种以上不同的项目运营模式,并分析其供应链形式		
学习方法	1. 查阅资料 2. 案例分析 3. 小组讨论		
所涉及的 专业知识	1. 直播产业链模块 2. 直播运营商业模式		
本任务与其他 任务的关系	本任务是学习了直播基础认知模块后,对直播产业链、运营模式和供应链管理的进一步学习和实践		
学习材料与工具	材料:①项目任务书后所附的基本知识;②在线视频资料 工具:项目任务书、任务指导书、手机、计算机、笔		
学习组织方式	班级授课和分组讨论相结合		

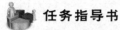 **任务指导书**

完成任务的基本路径如下。

```
听教师讲解直播产业         观看淘宝直播间，学习直         观看抖音直播间，学习直
链组成模块基础知识    →    播产业链模块基础知识，   →   播产业链模块基础知识，
（30分钟）                 完成填表（60分钟）           完成填表（60分钟）
                                                              ↓
分析以上三种直播平台，找出三种    观看小红书直播间，学习直播产
以上不同的项目运营模式，完成填  ← 业链模块基础知识，完成填表分
表（30分钟）                     析（60分钟）
```

第一步，听教师讲解直播产业链组成模块基础知识。

第二步，打开淘宝 App，进入淘宝直播间，根据要求分析淘宝直播产业链组成模块，完成表 2-1。

表 2-1　任务产出——淘宝直播产业链模块分析

分析的直播间的名称是	
进入淘宝直播间的方式是	
直播间购物袋中的商品有_____款 点击购物袋，商品的组成结构是_____ 商品的排序方式是_____ 点击商品，跳转到的商品页面是在_____	
淘宝直播的内容提供方是_____ 淘宝直播的平台运营方是_____ 淘宝直播的传播渠道是_____	
观察淘宝直播间	不同主播上线时购物袋产品变化情况是_____ 不同时间段购物袋产品变化情况是_____ 购物袋内产品的调整规律是_____

第三步，打开抖音 App，进入抖音直播间，根据要求分析抖音直播产业链组成模块，完成表 2-2。

表 2-2　任务产出——抖音直播产业链模块分析

分析的直播间的名称是
进入抖音直播间的方式是
直播间小黄车中的商品有_____款 点击小黄车，商品的组成结构是_____ 商品的排序方式是_____ 点击商品，跳转到的商品页面是在_____

续表

抖音直播的内容提供方是＿＿＿ 抖音直播的平台运营方是＿＿＿ 抖音直播的传播渠道是＿＿＿	
观察抖音 直播间	不同主播上线时小黄车产品变化情况是＿＿＿＿＿＿＿＿＿＿＿＿＿＿＿＿＿＿＿＿＿＿＿＿＿＿＿＿＿＿ 不同时间段小黄车产品变化情况是＿＿＿＿＿＿＿＿＿＿＿＿＿＿＿＿＿＿＿＿＿＿＿＿＿＿＿＿＿＿＿＿＿＿ 小黄车内产品的调整规律是＿＿＿

第四步,打开小红书App,进入小红书直播间,根据要求分析小红书平台直播产业链组成模块,完成表2-3。

表2-3 任务产出——小红书直播产业链模块分析

直播间名称是＿＿＿＿＿＿＿＿＿＿＿＿＿＿＿＿＿＿＿＿＿
进入小红书直播间的方式是＿＿＿＿＿＿＿＿＿＿＿＿＿＿＿＿＿＿＿
直播间购物车中的商品有＿＿＿＿＿＿＿款 直播间的商品组成结构是＿＿＿＿＿＿＿＿＿＿＿＿＿＿＿＿＿＿＿＿＿＿＿＿＿＿＿＿＿＿＿＿＿＿＿ 商品的排序方式是＿＿ 点击商品,跳转到的商品页面是在＿＿＿＿＿＿＿＿＿＿＿＿＿＿＿＿＿＿＿＿＿＿＿＿＿＿＿＿＿＿＿＿＿＿＿
小红书直播的内容提供方是＿＿ 小红书直播的平台运营方是＿＿ 小红书直播的传播渠道是＿＿＿

观察小红书 直播间	不同主播上线时购物车产品变化情况是＿＿＿＿＿＿＿＿＿＿＿＿＿＿＿＿＿＿＿＿＿＿＿＿＿＿ 不同时间段购物车产品变化情况是＿＿＿＿＿＿＿＿＿＿＿＿＿＿＿＿＿＿＿＿＿＿＿＿＿＿＿＿＿＿ 购物车内产品的调整规律是＿＿＿＿＿＿＿＿＿＿＿＿＿＿＿＿＿＿＿＿＿＿＿＿＿＿＿＿＿＿＿＿＿＿＿＿

第五步,分析以上三种直播平台,找出三种以上不同的项目运营模式,并分析其供应链形式,完成表2-4。

表2-4 直播运营模式

直播间名称	直播运营模式	直播供应链形式

项目任务评分标准及评分表

"直播运营商业模式选择"评分标准及实际评分表(总分10分)

班级:_____ 学生姓名:_____ 学生学号:_____

考核标准	分值明细			
	2.5	2.5	2.5	2.5
任务产出	淘宝直播产业链分析	抖音直播产业链分析	小红书直播产业链模块分析	抖音不同商家直播产业链对比分析
评分标准	能根据模块基本知识,分析相关淘宝直播间,并完成任务产出表填写,每个空格填写正确得0.5分,总分为2.5分	能根据模块基本知识,分析相关抖音直播间,并完成任务产出表填写,每个空格填写正确得0.5分,总分为2.5分	能根据模块基本知识,分析相关小红书直播间,并完成任务产出表填写,每个空格填写正确得0.5分,总分为2.5分	能根据模块基本知识,分析相关抖音不同直播间的产业链形式,并完成任务产出表填写,每个空格填写正确得0.5分,总分为2.5分
实际得分				
总得分				

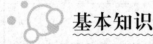

基本知识

一、直播产业链模块

近年来,直播快速发展,用户数量不断增长,截至2022年12月,我国网络直播用户规模达7.51亿,同比增长6.7%,占整体网民的70.3%。各大直播平台都在不断拓展优质的内容,添加更多互动性玩法,渗入更多的应用场景,并通过精准解读用户需求,推送适当内容留住用户,来实现商品变现的最终目的。对于直播平台来说,要探索出一条针对真实直播受众用户的商业化道路,才能保证直播行业的稳定繁荣。如何寻找一条有效的商业化模式,对用户进行沉淀和变现呢?首先要从直播产业链分析开始。

从整体功能角色来划分,可以把直播产业链分成五个模块:内容提供方、平台运营方、传播渠道方、服务支持方、直播服务方。

(一)内容提供方

内容提供方是指用以生产内容和打造网红产业的链路。根据直播行业属性对应为四个模块:网红/主播模块、经纪/公会模块、培训/整合模块、内容/版权模块。

1. 网红/主播模块

网红/主播模块是直播产业链最上游也是最核心的模块,用来为直播平台生产内容,也是面向粉丝用户的最直接群体。按照类别可以分为明星红人、KOL(意见领袖)/网红、领域达人、职业主播、素人主播。

2. 经纪/公会模块

经纪/公会模块是以经纪公司或公会的形式运营,是直播运营的主体。对平台来说,跟公会的合作能带来大量主播和内容,而对经纪公司和公会而言,掌握渠道和资源是其不断输出和盈利的主要途径。

3. 培训/整合模块

培训/整合模块是对直播从业人员进行培训、打造、包装并为各大平台进行人才输送的基地,一般针对小网红和素人主播;同时是为主播进行自我展示、资源对接、合作代言的交易场所。

4. 内容/版权模块

优质内容的产出决定着直播的转化和销售,各大平台和商家都在寻找高水平内容产出团队和个人。同时优质版权资源转播和内容版权所有也是直播提升的关键。

(二)平台运营方

平台运营方是用以支撑内容及主播的运营和管理的链路。在直播行业中最中心的模块属于平台运营方,因为他们是连接用户和主播、用户和内容的中心力量。目前把直播平台划分为泛娱乐直播平台、"直播+"平台两类。

(1)泛娱乐直播的特点是以网红生产内容为核心,以网红和粉丝用户互动为支柱,以社交关系搭建为目标。其重点在于不断新增主播人气,不断让主播和用户产生社交关系,进而实现商业变现。

(2)"直播+"是指直播作为工具属性服务于各个行业,"直播+"行业的结合有很多种,例如电商、游戏、教育、体育、企业服务、旅游等行业,目前发展最好的是电商、游戏、企业服务三类。

(三)传播渠道方

传播渠道方是用以进行内容传播和分发的链路。直播平台本身就是一个传播渠道方,但同时直播平台还需要借助其他传播渠道来曝光,以打造影响力。直播内容传播主要包括视频类产品、社交类产品、内容类产品,从这个角度,传播渠道可以分为社交类渠道、门户网站、新闻流量类渠道和视频类渠道等。

(四)服务支持方

服务支持方是以内容运作/管理的服务支撑和监督管理组合。服务支持方是整个直播产业中最根本的保障层,包括内容监管方、广告电商主、支付方、视频云服务、智能硬件、应用商家等。

（五）直播服务方

直播服务方是围绕直播产业的衍生业务的服务。由于直播行业的存在，使更多人有了基于直播服务创业的机会，如资源整合服务、直播方案策划服务、直播场地服务、直播设备和专业团队、直播平台搭建服务、直播技术支持服务。直播服务方可以说是直播平台自我延伸出的产业链。

二、直播运营商业模式

（一）直播＋虚拟礼物

观众付费充值买礼物送给主播，平台将礼物转化成虚拟币，主播对虚拟币提现，由平台抽成。如果主播属于某个工会，则由工会和直播平台统一结算，主播则获取的是工资和部分抽成，这是最常见的直播类产品盈利模式。如图 2-1 所示，常见的花椒、映客等都属于这类模式，抖音直播间也有很多才艺展示主播都属于这类模式。另外，平台可以根据自己的直播特色，设置平台各种礼物图片及类型。有些平台，用辣条、羽毛等作为礼物名称，增加平台特色，区别于其他平台。

　　(a) 花椒直播　　　　(b) 映客直播　　　　(c) 抖音直播

图 2-1　直播＋虚拟礼物模式

（二）直播＋电商

一般电商类直播产品/竞拍类产品采用直播＋电商商业模式。企业或者主播个人有自己的店铺，如图 2-2 所示（如淘宝店、抖音小店、微店等），主播在直播时，推荐店铺商品，用户直接一键购买或者加入购物车，直播同时有优惠或参与竞拍，最终主播与企业或者直播平台按照既定比例获得收益。电商与直播互相转化是目前直播的主要趋势。

（三）直播＋服务

1. 付费教育

在线教育类产品的商业模式是利用直播平台售卖课程，用户付费学习。在教育平台还可售卖其他相关商品，如某直播平台，一方面可以作为教授音乐课程的直播平台，另一方面还可销售各种相关乐器,增加教育平台的其他营收,如图2-3所示。

(a) 淘宝直播　　　　　　(b) 抖音直播

图 2-2　直播＋电商模式

(a) 直播+英语教育　　　　(b) 直播+语文教育

图 2-3　直播＋服务模式

2. 直播运营工具付费

为直播提供各种数据统计分析工具,指导进行粉丝维护,提升直播效果。直播运营工具可支持的功能有直播数据统计功能、直播观众行为分析、直播观众关系维护功能、直播优化建议。其他如直播会员增值服务、付费直播等都属于直播＋服务的运营模式。

(四)直播＋广告

1. 企业宣传

企业向直播平台付费申请直播,或需要直播平台提供技术支持。直播平台替企业进行会议宣传等服务,同时给企业提供观看数据。

2. 广告模式

直播平台负责在 App 中(包括 banner、直播广告图等)、直播间或直播礼物中植入广告主广告,按展示/点击或购买情况与广告主结算费用。

3. 直播/节目付费推广

主播可以付费让平台提供推广位,对主播进行曝光,平台按曝光量以及观看量和主播结算费用。

三、直播产品供应链

在"人货场"构建的电商直播中,货在各个环节都具有重要的地位。在起步阶段,低价优质的商品能引流;在发展阶段,稳定品质的商品能积累口碑;在提升阶段,品牌和差异化的商品能带来竞争优势;在品牌化阶段,商品能转嫁主播影响力实现 IP 长远化。所以,决定货以及后端客服、售后等的供应链,在直播领域自然有着不可撼动的核心影响力。

1. 直播供应链的主流趋势

(1)主播和机构。自己找货,搭建供应链,寻找合适的合作商家组建基础的合作供应链,从合作供应链中孵化独家合作伙伴,联合独家合作伙伴打造新品牌,主播助推新品牌成长,新品牌成熟并拥有自己的市场。产品的品牌影响力周期明显长于主播个人影响力,利用这样的模式,可以实现头部主播影响力由人到货的转移,完成从"人带货"到"货带人"的转变。许多头部直播和直播机构都在积极打造自己的直播供应链。

(2)主流直播平台。自建供应链,变现闭环。除了主播和机构,抖音、快手等直播平台也在加速自己的供应链搭建,并建立了精选联盟、源头好货、品质好物等体系,服务于站内主播的供应链服务。

快手+京东,抖音+苏宁易购,都已成为平台布局供应链的一环。快手科技与京东零售集团正式签署战略合作协议,京东和快手小店双方共建商品池,由快手主播选品销售。快手用户在快手小店可直接购买京东自营商品,且无须跳转,同时享有京东的配送、售后等服务。苏宁易购也和抖音电商达成深度合作,围绕供应链服务和直播品牌 IP 打造展开全方位融合。

2. 常见直播产品供应链模式

(1)品牌集合模式。供应链利用自身优势资源,通过和品牌合作,建立自己的直播基地,对外邀请主播来卖货,这种类型的供应链优点在于所有库存均由品牌方承担,供应链实际上就是赚取差价的中间商,并没有太大的库存风险。挂牌的供应链基地还可以承办超级内购会活动,获取官方资源位,聚集主播来直播,定期直播,可以取得不错的收益。

(2)品牌渠道模式。品牌方具备一定的线下门店基础,依托原有的资源,创建供应链,定期开发一批款式,邀约外部主播或者寄样合作;或者绑定几个比较合适的主播做联名款,直播只是品牌方增加的另一个销售渠道,头部主播直播后,也可以安排其他主播继续进行直播。

此类型的供应链优点是款式新,和主播风格相匹配,转化相对较高,利润由品牌方控制,自由空间大,一般达到50%以上,产生的库存也可以放到线下门店出售,直播供应链难以解决的库存问题风险大幅降低。

（3）批发档口模式。供应链主要存在于批发市场：一是单个档口与线下市场走播的主播合作；二是将批发市场商户整合为供应链,邀约主播进行直播；三是第三方或者物业牵头组织档口加入其中,一起做成供应链。例如之前平台官方做过的活动"老板娘驾到"。

批发档口的优势在于款式更新比较快,款式种类多样,性价比极高,很受走场主播的欢迎,价格相对比较适中,利于主播成长,无论是涨粉还是成交,都是主播们比较喜欢的一种供应链模式。

（4）尾货组货模式。供应链前身就是尾货商,手上掌握着大量的尾货资源,通过建立直播团队服务于主播,或与直播机构合作,建立起新的销售渠道。

此类型的供应链优点是大量尾货,品质不低,性价比极高,毛利率也很高,款式较多,库存量大,提供主播低价秒杀,涨粉很快,深受主播的青睐,也是常见的供应链模式之一。

缺点是货品较为陈旧,库存量比较大,单个SKU数量不多,卖完就没有了,而且大量收购尾货对资金要求比较高,很多供应链因此而破产。

（5）代运营模式。这种模式适用于有电商基础,又具备一定直播资源的机构,一方面可以帮助商家解决电商环节的问题,另一方面可以邀约主播直播,帮助商家把售后等问题一并解决,只拿提成或者服务费的模式。

此类型的供应链优点是不用场地,不用货品,直接帮商家操盘,赚取商家的返点或者中间差价,不需要承担库存风险,毛利也是固定的,只需要有一个懂直播的团队即可,没有其他约束。

 自我练习

一、单项选择题

1. 在直播产业链中,生产内容和打造网红产业的是（　　）。
   A. 内容提供方　　B. 平台运营方　　C. 传播渠道方　　D. 服务支持方
2. 2016年3月,率先上架直播购物功能是（　　）电商平台。
   A. 淘宝　　B. 抖音　　C. 京东　　D. 蘑菇街
3. 目前,传统电商平台上的主播类别主要是（　　）。
   A. 以商家自播为主　　　　　　B. 以达人主播为主
   C. 以导购红人主播为主　　　　D. 以明星主播为主
4. 在直播行业中,连接用户和主播、用户和内容的中心力量是（　　）。
   A. 内容提供方　　B. 平台运营方　　C. 传播渠道方　　D. 服务支持方
5. 目前,比较常见的直播产品供应链模式有（　　）。
   A. 品牌集合模式　　B. 批发档口模式　　C. 尾货组货模式　　D. 以上都是
6. 抖音电商常见的组货策略包括（　　）。
   A. 单一款式组货　　B. 垂直品类组货　　C. 多品类组货　　D. 以上都是
7. 电商类直播产品/竞拍类产品一般采用（　　）直播方式。
   A. 直播+虚拟礼物　　B. 直播+电商　　C. 直播+服务　　D. 直播+广告

8. 观众付费充值买礼物送给主播,平台将礼物转化成虚拟币,主播对虚拟币提现,由平台抽成。这是属于(　　)直播方式。
  A. 直播＋虚拟礼物　　B. 直播＋电商　　　C. 直播＋服务　　　D. 直播＋广告
9. 利用直播平台售卖课程,用户付费学习,这是属于(　　)直播方式。
  A. 直播＋虚拟礼物　　B. 直播＋电商　　　C. 直播＋服务　　　D. 直播＋广告
10. 为直播提供各种数据统计分析工具,指导进行粉丝维护,提升直播效果。这是属于(　　)直播方式。
  A. 付费教育　　　　　　　　　　B. 直播运营工具付费
  C. 企业宣传　　　　　　　　　　D. 广告模式

二、多项选择题

1. 在直播商业模式中,属于直播＋广告模式的是(　　)。
  A. 企业宣传　　　　　　　　　　B. 广告模式
  C. 直播/节目付费推广　　　　　　D. 付费教育
2. 从整体功能角色上来划分,直播产业链包含(　　)模式。
  A. 内容提供方　　　B. 平台运营方　　　C. 传播渠道方
  D. 服务支持方　　　E. 直播服务方
3. 在直播产业链中,内容提供方包括(　　)。
  A. 网红/主播模块　　　　　　　　B. 经纪/公会模块
  C. 培训/整合模块　　　　　　　　D. 内容/版权模块
4. "直播＋"是指直播作为工具属性服务于各个行业,目前发展最好的是(　　)三类。
  A. 电商　　　　　B. 体育　　　　　C. 游戏　　　　　D. 企业服务
5. 直播运营工具可支持的功能包括(　　)。
  A. 直播数据统计功能　　　　　　B. 直播观众行为分析
  C. 直播观众关系维护功能　　　　D. 直播优化建议

三、判断题

1. MCN 机构是一种把专业内容和生产联合起来,利用资本支持,保障内容持续输出,从而实现稳定变现的商业模式。(　　)
2. 泛娱乐直播的特点是以网红生产内容为核心,以网红和粉丝用户互动为支柱,以社交关系搭建为目标。(　　)
3. 传播渠道方是用以进行内容传播和分发的链路。(　　)
4. 在直播产业链中,移动支付不属于直播电商基础设施。(　　)
5. 直播模式中,主播可选择付费让平台提供推广位,对主播进行曝光,平台按曝光量和观看量与主播结算费用。(　　)

项目三

直播间环境创建

任务一　基础直播间搭建

直播间环境创建

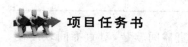 项目任务书

课内学时	6	课外学时	2
知识目标	1. 建立对直播间的基本认知 2. 了解直播间的基本类型 3. 熟悉直播间设备		
技能目标	1. 能够对直播间进行实物软装、贴片素材、软装搭配 2. 能够根据直播需求组建直播间设备		
素养目标	1. 感受不同品类商品对应不同搭建风格的直播间环境 2. 树立营造良好的网络直播环境的意识 3. 感悟积极向上的网络文明环境,增强社会责任感		
项目任务描述	1. 个人预习直播间的基本知识 2. 分任务搜集直播间类型的视频资料 3. 运用软装设计方法,分角色设计直播间软装 4. 搜集直播设备图片,并根据不同直播需求,组建直播间		
学习方法	1. 动手实践 2. 听教师讲解		
所涉及的 专业知识	1. 直播间类型 2. 基础直播间软装设计		
本任务与其他 任务的关系	本任务为完成下一个任务奠定基础,所建立的小组将在下一个任务中继续合作		
学习材料与工具	材料:①项目任务书后所附的基本知识;②在线视频资料 工具:项目任务书、任务指导书、手机、计算机、笔		
学习组织方式	个人学习与小组学习相结合		

任务指导书

完成任务的基本路径如下。

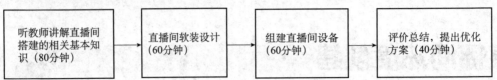

第一步,听教师讲解基础直播间搭建的基本知识,小组成员展示与讲解不同直播间类型的相关视频,并填写表3-1。

表3-1 任务产出——直播间类型分析

小组名称	视频名称	类　型	目　标	标　准

第二步,观看直播间搭建相关视频,小组成员分角色设计直播间软装,对直播间软装设计进行分析整理,提出改进建议,并填写表3-2。

表3-2 任务产出——直播间软装设计

小组名称	直播间名称	实物软装元素	贴片素材搭配	改进建议

第三步,根据具体的直播需求,小组成员搭建直播间设备,通过图片进行展示,并填写直播间设备汇总表3-3。

表3-3 直播间设备汇总

小组名称	通用直播间设备	企业直播间设备	直播基地直播间设备

第四步,根据已有的分析数据,小组成员总结经验和需要改进的地方,提出优化方案,并填写表3-4。

表 3-4 优化方案

小组名称	直播间软装设计优化	直播间设备组建优化	其他优化建议

项目任务评分标准及评分表

任务一 "基础直播间搭建"评分标准及实际评分表（总分 10 分）

班级：_____ 学生姓名：_____ 学生学号：_____

考核标准	分值明细				
	1	3	2	2	2
任务产出	团队分工	直播间类型分析	直播间软装设计	直播间设备汇总	直播间软装设计优化
评分标准	分工明确(1分)	分类清晰(1分) 展示流畅(1分) 表格填写准确(1分)	实物软装元素丰富(1分) 贴片素材搭配美观(1分)	直播需求定位准确(1分) 设备选择合适(1分)	直播间软装设计优化(2分)
实际得分					
总得分					

基本知识

一、基础直播间介绍

（一）直播间类型

直播观众通过手机屏幕，从视觉上接收的信息主要包含主播形象、直播间场景，其中直播间的布置是辅助主播建立人设的重要组成部分，配备一个标准的直播间，首先要确定这个直播间的使用目的。直播结构是由人、货、场三部分组成，每一项都缺一不可，其中"场"是指直播间的营销场景和直播间的环境场景，配置一个好的环境场景，需要结合自身直播目的的需求，配置适合自己的直播间。不同的直播间类型，所需要的硬件设备及软装搭配，有本质上的差异。

1. UGC 直播间的目标与标准

UGC(user generated content)直播间的目标与标准：达人、品牌自播、直播基地将自己原创的内容通过互联网平台，以直播的形式进行展示或者提供给其他用户。KOL、KOC 主播、直播基地的直播间,根据不同类目、不同类型的直播及直播主体对直播要求及预算需求不同,可以选择类似设备和数量的加减,所对应各个赛道内的主播,配置适合自己的直播间。

秀场直播的直播间也属于 UGC 直播间的一种,观众拥有社交方面的需求,以获取心理上的社交满足感。一部手机＋两个手机支架＋一个外置声卡即可满足直播条件。

2. PGC 直播间的目标与标准

PGC(professional generated content)直播间的目标与标准:专业生产内容,经由传统广电从业者按照几乎与电视节目无异的方式,在一定领域具有专长,能分享专业领域有价值的内容,进行制作专业内容和内容输出的直播间,主要呈现直播内容的个性化、视角多元化。

3. PUGC 直播间的目标与标准

PUGC(professional user generated content)直播间是以 UGC 形式产出的相对接近 PGC 的专业直播内容,PUGC 生态战略集合了 UGC＋PGC 的双重优势,有了 UGC 直播的广度,通过 PGC 产生的专业化的内容能更好地吸引、沉淀用户。关于 PUGC 直播间没有固定的标准,大到一场综艺性直播的舞台、一场晚会的直播,小到一个具有多机位演播厅的直播间。

(二)基础直播间软装设计

直播的内容非常重要,主播的个人形象也比较重要,直播间背景布置应能呼应整场直播主题,打造出更好的直播效果呈现给观众。软装背景是提升主播气质及风格的重要部分,因此直播间软装背景布置要与主播本身气质相符合,要与整场直播活动的内容相符合。每个类目的直播间都有独特的产品属性,就好比进入一家线下门店,从装修风格上就能看出这是一家酒店、服装店、花店还是宠物店。

1. 直播间实物软装设计

直播间的真实布景要比背景布的效果好很多,更有高级感。达人主播、直播基地基础直播间、共享直播间可以作为直播间软装背景设计的参考方案,如图 3-1 所示。

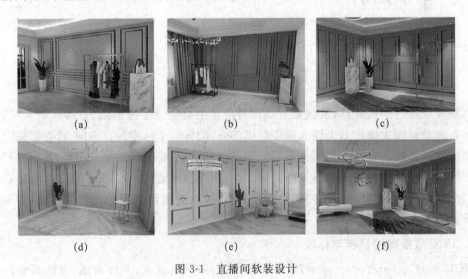

图 3-1 直播间软装设计

2. 直播间贴片软装搭配

直播间贴片软装搭配包括文字、图片、GIF 动图等,如图 3-2 所示,其呼应直播主题和直播间活动,引导粉丝关注,吸引粉丝停留,引导成交。

图 3-2　直播间贴片软装

二、直播设备选择

直播行业迅猛快速的发展,对直播间的效果要求也越来越高,在这个人人皆可播的时代,只需要一部手机就可以随时随地开启一场直播。计算机直播是最专业的,可以调节设备及直播中控台各项参数,如图 3-3 所示。目前,90％以上的高质量直播间都是通过计算机直播完成。直播间设备要求如下。

(1) 计算机。计算机直播推流,对计算机的配置包括主板、CPU、显卡、内存都有要求,一台普通的办公计算机或笔记本,是不可以进行计算机直播推流的。选择 Windows 系统,处理器 intel i5 及以上,最好是 i7,独立显卡,固态硬盘,并需要宽带速在 4Mbit/s 以上。

(2) 拍摄设备。支持大部分视频拍摄设备,即插即用。推荐罗技(Logitech)C925e、C930e、C1000e 等型号摄像头,也可使用其他性能更好的产品,如图 3-4 所示。

图 3-3　高质量直播间

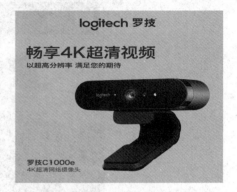

图 3-4　罗技 C1000e 网络摄像头

(3) 音频设备。支持各种音频设备。声卡分为内置声卡和外置声卡,根据推流计算机而选择。收音麦克可以使用"小蜜蜂"设备来解决因距离远而造成的收声效果不好的问题。罗技摄像头自带的麦克风完全可以满足直播的需求,不需要额外的麦克风。

(4) 灯光设备。一套完整的灯光设备包括环境灯、主灯、补光灯及辅助背景灯。光线在设置照明的时候分为主光、辅光、背景光、轮廓光及一些效果光,如图 3-5 所示。

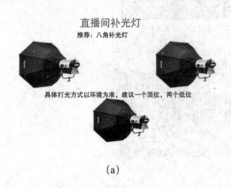

(a)

(b)

图 3-5　直播间灯光设备

环境光来源于直播间的室内灯光,建议在装修时选择白色吸顶面板灯作为主光源,因光源比较散而均匀照射,便于后期通过直播软件调节直播间的成像效果;辅助光的设备选择美颜灯和其他设备补光灯。

(5) 手机直播设备。尽可能选择高配置版本的手机,例如 iPhone 13、iPhone 12、华为 mate40 系列手机,一部手机就可以解决摄像、收音、推流等所有问题。

如果是一个新手主播、中腰部达人直播间或者是店铺自播的直播间,初期的投入不用这么大,按照自己的预算,选择其中几个比较重要的设备,进行直播间升级即可。

以下为通用直播间(见表 3-5)、专业直播间(见表 3-6)及超头部主播直播间(见表 3-7)的设备配置表。

表3-5 通用直播间设备配置

类 目	物 料	型 号
摄像设备	罗技	C1000E
摄像设备	Type C	
摄像设备	L形架	
摄像设备	摄影支架	云腾880
摄像设备	HDMI线	
灯光设备	金贝	EFII-60LED
灯光设备	金贝	EFP-50BILED
灯光设备	柔光球	
灯光设备	灯架	
灯光设备	灯罩	
收音设备	福克斯特声卡	solo3代
收音设备	电容麦	铁三角ATR2500
收音设备	卡农线	
收音设备	支架	
输出设备	高端计算机主机	i7 9700＋2080显卡
输出设备	显示器	
输出设备	显示屏支架	
调试费	调试服务费	

表3-6 专业直播间设备配置

类 目	物 料	型 号
摄像设备	索尼DV	AX45
摄像设备	microhdmi	
摄像设备	外接电源	
摄像设备	Type C	
摄像设备	L形架	
摄像设备	摄影支架	云腾880
摄像设备	HDMI线	
灯光设备	南光	Forza 60
灯光设备	柔光罩	60cm深口柔光箱
灯光设备	C形支架	金贝M-6
灯光设备	金贝	EF150
灯光设备	抛物线罩	90cm深口柔光箱
灯光设备	柔光球	

续表

类　目	物　料	型　号
灯光设备	条形柔光箱	KE34×140
灯光设备	方形柔光箱	55度标准灯罩
灯光设备	南冠大环形灯	65Cpro
灯光设备	支架	260cm
灯光设备	支架	190cm
收音设备	艾肯声卡	Up4
收音设备	电容麦	blue yetinano
收音设备	卡农线	
收音设备	支架	
输出设备	高端计算机主机	i7 9700＋2080显卡
输出设备	显示器	
输出设备	显示屏支架	

表 3-7　超头部主播直播间设备配置

类　目	物　料	型　号
摄像设备	索尼微单	A7R4含镜头24-70
摄像设备	microhdmi	
摄像设备	外接电源	
摄像设备	Type C	
摄像设备	导播台	
摄像设备	L形架	
摄像设备	摄影支架	云腾880
摄像设备	HDMI线	
灯光设备	南光	Forza60
灯光设备	柔光罩	60cm深口柔光箱
灯光设备	C形支架	金贝M-6
灯光设备	金贝	EF150
灯光设备	抛物线罩	90cm深口柔光箱
灯光设备	柔光球	
灯光设备	条形柔光箱	KE34×140
灯光设备	方形柔光箱	55度标准灯罩
灯光设备	南冠大环形灯	65Cpro
灯光设备	南冠小环形灯	R260C
灯光设备	支架	260cm

续表

类　目	物　料	型　号
灯光设备	支架	190cm
收音设备	艾肯声卡	Up4
收音设备	指向性麦	AT8035
收音设备	卡农线	
收音设备	支架	
输出设备	高端计算机主机	i9 9900＋2080 显卡
输出设备	显示器	
输出设备	显示屏支架	
调试费	调试服务费	

自我练习

一、单项选择题

1. 秀场直播的直播间也属于 UGC 直播的一种，又称（　　），观众拥有社交方面的需求，以获取心理上的社交满足感，设备及软装方面的要求。

　　A. 社交直播　　　B. 场景直播　　　C. 虚拟直播　　　D. 电视直播

2. UGC 直播间的达人、品牌自播、直播基地将自己（　　）的内容通过互联网平台，以直播的形式进行展示或者提供给其他用户。

　　A. 原创　　　　　B. 模拟　　　　　C. 自编　　　　　D. 录制

3. PGC 直播间专业生产（　　），是在一定领域具有专长，能分享专业领域有价值的内容，进行制作专业内容和内容输出的直播间。

　　A. 内容　　　　　B. 音效　　　　　C. 场景　　　　　D. 画面

4. PUGC 生态战略集合了 UGC＋PGC 的双重（　　），有了 UGC 直播的广度，通过 PGC 产生的专业化的内容能更好地吸引、沉淀用户。

　　A. 模式　　　　　B. 系统　　　　　C. 优势　　　　　D. 类型

5. 直播间背景布置能呼应整场直播（　　），主播的个人形象非常重要，背景布置一定要与主播本身气质相符合，打造出更好的直播呈现效果给观众。

　　A. 主题　　　　　B. 效果　　　　　C. 要求　　　　　D. 目的

二、多项选择题

1. 直播观众通过荧幕，从视觉上接收信息，直播结构由（　　）三部分组成，缺一不可。

　　A. 人　　　　　　B. 货　　　　　　C. 场　　　　　　D. 点

2. 在这个人人皆可播的时代，一般情况下只需要一部手机就可以，随时随地就可以开启一场直播了，当然（　　）直播是最专业的，可以调节设备及直播中控台各项（　　）。目前,90%以上的(　　)直播间,都是通过计算机直播完成。

　　A. 高质量　　　　　B. 计算机　　　　　C. 手机　　　　　　D. 参数

3. 环境允许的情况下最好用台式机推流直播,对计算机的配置包括主板、CPU、显卡、内存都有要求,处理器(　　)及以上,独立(　　),(　　)硬盘,并需要宽带速度在(　　)以上。

　　A. intel i5　　　　B. 显卡　　　　　　C. 固态　　　　　　D. 4Mbit/s

4. 直播设备声卡分为(　　)声卡和(　　)声卡,根据推流计算机而选择。

　　A. 前置　　　　　　B. 后置　　　　　　C. 内置　　　　　　D. 外置

5. 直播间搭建中,一套完整的灯光设备包括(　　)、(　　)、(　　)以及(　　)。

　　A. 环境灯　　　　　B. 主灯　　　　　　C. 补光灯　　　　　D. 辅助背景灯

三、判断题

1. 环境光来源于直播间的室内灯光,建议在装修时选择白色吸顶面板灯作为主光源,因光源比较散而均匀照射,便于后期通过直播软件调节直播间的成像效果。(　　)

2. 关于手机的直播设备,尽可能选择高配置版本的手机,一部手机就可以解决摄像、收音、推流等所有问题。(　　)

3. 直播计算机要选择 Windows 系统,环境允许的情况下最好用台式机推流直播,笔记本要选择轻薄本。(　　)

4. 如果是一个新手主播、中腰部达人直播间或者是店铺自播的直播间,初期的投入不需要太大,按照自己的预算,选择其中几个比较重要的设备,进行直播间升级就可以。(　　)

5. 视频采集卡(video capture card)也称视频卡,主要是将摄像机、录像机、LD 视盘机、电视机输出的视频信号等采集输入计算机中。(　　)

任务二　多场景直播间搭建

项目任务书

课内学时	8	课外学时	2
知识目标	1. 掌握不同直播场景的基本认知 2. 掌握不同行业直播间搭建的技巧		
技能目标	1. 能够选择户外直播设备,并为农产品户外直播设计场景 2. 能够搭建虚拟直播间		
素养目标	1. 帮助农产品商户建立直播营销渠道意识 2. 感悟积极向上的网络文明环境,增强网络法律意识		
项目任务描述	1. 个人预习不同直播场景的基本知识 2. 分任务搜集不同行业直播间搭建技巧的视频资料 3. 合理选择户外直播的设备,分角色设计农产品直播场景 4. 梳理虚拟直播间搭建的方法		

续表

学习方法	1. 动手实践 2. 听教师讲解
所涉及的 专业知识	1. 不同直播间场景的基本描述 2. 不同行业直播间搭建的技巧 3. 户外直播的设备选择及农产品直播的场景设计 4. 虚拟直播间搭建的方法
本任务与其他 任务的关系	本任务是上一个任务的延续和展开,并为完成下一个任务奠定基础,具有承上启下的作用,所建立的小组将在下一个任务中继续合作
学习材料 与工具	材料:①项目任务书后所附的基本知识;②在线视频资料 工具:项目任务书、任务指导书、手机、计算机、笔
学习组织方式	个人学习与小组学习相结合

 任务指导书

完成任务的基本路径如下。

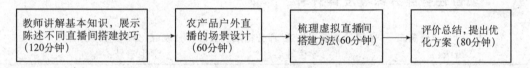

第一步,听教师讲解不同直播场景的基本知识,小组成员展示与陈述不同行业直播间搭建技巧的相关视频,并填写表3-8。

表3-8 任务产出——不同行业直播间搭建技巧分析

小组名称	视频名称	行业	技巧	关键点

第二步,观看农产品户外直播相关视频,小组成员分角色对农产品户外直播场景的设计素材进行分析整理,提出改进建议并填写表3-9。

表3-9 任务产出——农产品户外直播场景设计素材分析

小组名称	农产品类型	设计思路	主题道具	关键设备

第三步,梳理虚拟直播间搭建方法,并根据不同直播需求,组建直播间,并填写虚拟直播间搭建方法汇总表3-10。

表 3-10　虚拟直播间搭建方法汇总

小组名称	直播系统	特色功能	缺点不足

第四步，根据已有的分析数据，小组成员总结经验和需要改进的地方，从表 3-11 所示三个方面提出优化方案。

表 3-11　优化方案

小组名称	不同行业 直播间搭建技巧优化	农产品 直播场景设计优化	虚拟 直播间搭建方法优化

项目任务评分标准及评分表

任务二　"多场景直播间搭建"评分标准及实际评分表（总分 10 分）

班级：_____　　　　学生姓名：_____　　　　学生学号：_____

考核标准	分值明细				
	1	3	2	2	2
任务产出	团队分工	不同行业直播间搭建技巧	农产品户外直播场景设计	虚拟直播间搭建方法	优化方案
评分标准	分工明确(1分)	行业分类准确(1分) 技巧选用合理(1分) 表格填写准确(1分)	设计思路(1分) 主题道具(1分)	直播系统选择(1分) 特色功能选用(1分)	农产品直播场景设计素材(1分) 虚拟直播间的搭建方法(1分)
实际得分					
总得分					

基本知识

直播间的直播方式分为"站播、坐播、走播"，也可以分为"固定场景、移动场景"等形式，直播间场景搭建风格彰显了主播的调性，也代表着品牌的格调，如同进入一家超五星级酒店和进入一家招待所，所看到的装修基调是完全不同的概念，因此，不同类目、不同行业的直播间搭建，最终展示在荧幕前的效果是不一样的。

一、不同行业直播间的搭建

1. 服饰鞋包类场景搭建技巧

各个直播平台上,服饰类目直播是最多的。因为类目产品属性的特殊性质,主播需要作为模特展示和产品讲解,所以一般都以站着的方式直播,如图3-6所示,因此,女装、童装、男装等在场景搭建时,要根据具体类目风格选择装修风格。另外需要注意的是,不要选择过多的射灯作为环境光的主光源,场地内可以设置一些与店铺调性相符的家具,小桌、衣帽架、文艺画、花瓶、绿植、台灯、气球或沙发等,都是很好的装饰,但不宜过多。

图3-6 服饰鞋包类直播间搭建

服饰鞋包专场的直播可以是在独立直播间、样品展示大厅、仓库、线下专柜、舞台类型等,场地标准为8~15m²。直播间以浅色、纯色背景墙为主,简洁、大方、明亮为基础,可以放衣架或者衣柜,衣服要摆放整齐,对于新人主播,推荐背景使用灰色或者浅灰色。

2. 美妆、美食、家清个护类场景搭建技巧

美妆、美食、家清个护类产品在日常直播中,除一些大型PGC品牌直播日和官方S级活动外,一般是坐播的形式,直播间的整体搭建决定了用户的第一观感。大家电、家具、建材类属于低频消费产品,美妆产品、家清个护、小家电等属于高频消费产品,需营造出身临其境的消费体验。例如有些直播间,曾采用口红墙作为直播背景,让粉丝很直观地感受到这是一个美妆主播的直播间。

美食、家清个护类也可以采用货架作为直播间背景,如图3-7所示,但一定要简洁、大方地摆放,配合直播间的贴片、公告类的软装挂件,让进入直播间的粉丝能够直观感受到是在卖什么,在做什么活动,通过场景的设计与粉丝产生关联。

图3-7 家清个护类直播间搭建

3. 户外、旅游类场景搭建技巧

公益助农、地方美食、户外赛事、网红景点、街拍采访直播，通过主播的助力，提高关注度、聚集人气，通过直播的交互，完成品牌推广、产品推广、直播带货等转化，效果也远高于传统的模式。

汽车、农产品、旅游等类目的直播场景一般为汽车4S店、田地、室外景区，场景搭建通常是以较大的实物和景观为背景，需要注意的是主播人像方面的处理，如果是白天的户外，以自然光作为环境光源；如果是在傍晚、夜晚，需要使用可以移动的Led灯为主播打光。

二、户外直播的场景构建

1. 户外直播的设备选择

（1）普通版。户外直播需要一部直播手机＋稳定器＋小蜜蜂麦克风，如图3-8所示，从摄像、推流、收音问题，这几个设备就可以完美地解决，适用于任何户外移动直播场景的直播，唯一缺点是手机电量不足，如果是直播时长较长的情况，配备一个转化头＋移动电源即可。

（2）专业版。相机＋镜头＋麦克风＋稳定器＋主机＋采集卡＋网卡＋推流软件，如图3-9所示。相机用于录像；稳定器用于使画面平滑，提高观感；麦克风用来录音；主机用来解码并推流；网卡用来提供网络；移动电源用来提供电力支持。

（3）高配版。直播车属于非常专业的户外直播设备，如图3-10所示，其费用较高，不便携带，如有此类需求，可以寻找专业团队租赁使用。

2. 农产品户外直播的场景设计

农产品与直播新业态的创新融合，有利于提高农产品知名度、美誉度，更好地打造农产品品牌，带领农户们脱贫致富。酒香也怕巷子深，直播带货成为农产品线上销售渠道新模式（见图3-11）。直播间的场景设计视觉上与产品属性、直播主题相呼应。

图3-8 普通版户外直播设备

图3-9 专业版户外直播设备

(a) （b）

图 3-10　高配版户外直播设备

(a) （b）

图 3-11　农产品户外直播

直播带货由"人、货、场"三大板块组成，人、货顾名思义，而场则是至关重要的变量，使直播带货中实时、体验、互动的功能被无限放大。

农产品直播带货的场景搭建最重要的就是选择农产品生产基地作为直播场地，通过采摘、烹制、品尝的直播带货内容，让观众对于产品有沉浸式的体验，产生信任感，从而完成购买（见图 3-12）。

例如，贵州省毕节市直播活动，田间地头就是最完美的直播舞台。

《我的家乡我代言》走进贵州省毕节市，帮助当地非常出名的"跑山鸡"乌蒙玄凤进行直播售卖，导演组在前期进行踩点时，发现养殖场地处乌蒙山脉，风景秀丽，是非常理想的原生态直播场地，但此处属山地斜坡，没有相对平坦的空地，当时正是贵州最冷的 12 月，气温达到冰点，没有保暖设施会使直播设备有宕机风险，种种不利因素下，最终直播间选择在山下的特色农产品大棚中进行直播带货。但为了保证网友对农产品的生长环境有更直观的体验感，项目组在直播时还是保留了养鸡场的直播环节。于是正式的直播间就分成了 A 场和 B 场两部分。A 场由主持人带着三农网红乡村胡子哥一起前往养鸡场进行抓鸡体验（见图 3-13），整个直播过程趣味十足，引起无数网友热议，频频询问如何购买、口味如何。

图 3-12　农产品生产基地直播带货

图 3-13　抓鸡体验

完成抓鸡后,直播场景切换到 B 场的农产品大棚场景,导演组事先就在大棚内搭建起了土灶,在柴火烧的土灶上,开水热气升腾,旅游网红"生活大漂亮"围着土灶蒸馒头切腊肉。直播间变成了农村人生活的日常、变成了城里人"向往的生活"。浓厚的烟火气息让直播场景还原了真实的生活场景。A 场、B 场一动一静相结合,也完美呈现了农产品从田间地头到餐桌的全过程:抓回来的"跑山鸡"现场烹饪、品尝、售卖。当天 3 小时的直播中,"乌蒙玄凤"的售卖量突破 10 万元,相当于养鸡场近 1 个月的线下售卖量。

这就是通过选择原生态直播场景的实战效果,不仅完成了产品溯源,更展现了网友购买后的生活体验。

三、虚拟直播间的搭建

虚拟直播是现在很火的直播形式,企业对于虚拟直播的认可度也是很高的。虚拟直播间不仅是有趣的直播展现方式,同时也能够帮助企业降低直播间的打造成本。

1. 虚拟主播

虚拟主播从 2016 年发展至今,技术越发成熟。门槛最低的硬件就是智能手机,提供 AR 功能的软件,可以在拍摄自己的时候通过换脸来达到虚拟效果,也可以直接使用虚拟角色。背景可以是真实背景,也可以换成虚拟背景。此外,声音也能通过变声器来改变。但是智能手机,角色模型和动作捕捉的精细程度都较为局限。

2. 直播设备

要打造一个虚拟直播间,首先要准备一块绿幕作背景,绿幕一定要平整,没有褶皱;直播间的灯光设计也需要技巧,能够将直播区域全部照亮,可以选择 Led 灯光;为了有更好的虚拟直播效果,还需要一台专用的直播计算机(主机+显示器+键盘+鼠标),一个补光灯,主播位置正前方是一个直播大屏(一台液晶电视机),两侧有两个高清的摄像头,摆放的位置是在电视机旁边和直播桌面上,这两个摄像头的区别是全景摄像头(可开美颜)和特写(高清)摄像头。

3. 虚拟场景设置

虚拟直播间搭建的关键是虚拟场景的设置,在直播间内搭建一个真实与虚拟相结合的直播背景,带给用户沉浸式的直播体验,根据直播活动内容和主题,选择匹配的虚拟直播活动场景。

绿幕虚拟直播间搭建：绿幕（影视剧拍摄技术）和蓝幕都是拍摄特技镜头的背景幕布，主播人物在蓝幕、绿幕前演示，由摄影机拍摄下来，画面在计算机中处理，抠掉背景的蓝色或绿色，换上其他背景。

绿幕抠图技术把所有绿色变成透明，打造出多样化的直播间，实时换背景图片、背景视频，配合直播软件里的手机录屏功能，实现一个人的虚拟专业直播间。绿幕直播的背景可以用事先准备好的直播脚本PPT，用产品图片加价格的形式，根据直播节奏随意切换，各种场景的图片、动态图、视频都可以作为直播背景，进行一键切换。使用绿幕做虚拟直播时，绿色外包装的产品会变透明，需要将产品介绍视频切换在实际背景中展示，或者切换至特写镜头中展示，特写画面没有进行抠像处理，不受影响。

自我练习

一、单项选择题

1. 直播间场景搭建风格彰显了主播的调性，也代表着品牌的（　　），如同进入一家超五星级酒店和进入一家招待所，所看到的装修基调是完全不同的概念。

　　A. 种类　　　　B. 类型　　　　C. 格调　　　　D. 主题

2. 各个直播平台上，做服饰类目直播是最多的，因为类目产品属性的特殊性质，主播一般作为模特展示和产品讲解，所以一般都以（　　）的方式直播。

　　A. 坐着　　　　B. 站着　　　　C. 虚拟　　　　D. 聊天

3. 美妆、美食、家清个护类场景搭建，需营造出身临其境的消费体验。例如一些直播间，曾采用口红墙作为直播背景，让粉丝很直观地感受到，这是一个（　　）主播的直播间。

　　A. 美食　　　　B. 家清　　　　C. 个护　　　　D. 美妆

4. 户外直播需要一部直播手机＋稳定器＋小蜜蜂麦克风，从摄像、推流、收音问题，这几个设备就可以完美地解决，适用于任何户外（　　）直播场景的直播，唯一缺点是手机电量不足，如果是直播时长较长的情况，配备一个转化头＋移动电源即可。

　　A. 静止　　　　B. 移动　　　　C. 虚拟　　　　D. 主播

5. 虚拟主播从2016年发展至今，呈现技术的越发成熟，门槛最低的硬件就是智能手机，因为其成本较低，所以角色模型和动作捕捉的精细程度都较为局限，提供（　　）功能的软件，可以在拍摄自己的时候换脸来达到虚拟效果，也可以直接使用虚拟角色。

　　A. 美颜　　　　B. 变声　　　　C. AR　　　　　D. 虚幻

二、多项选择题

1. 不同类目、行业的直播间搭建，其最终展示在荧幕前的效果都是不一样的，所以根据自身类目的特殊性，在以往的直播经验中，直播间的类型也可以分为（　　）。

　　A. 站播　　　　B. 坐播　　　　C. 走播　　　　D. 插播

2. 服饰鞋包专场的直播间以浅色、纯色背景墙为主，简洁、大方、明亮为基础，可以放衣架或者衣柜，衣服要摆放整齐，对于刚开始进行直播的小伙伴，推荐背景使用（　　）。

　　A. 大红色　　　B. 灰色　　　　C. 浅灰色　　　D. 荧光绿

3. ( )等类目的直播场景一般为空旷的市内(汽车4S店)或是田地和景区室外,场景搭建通常是以较大的实物和景观为背景。

  A. 房产   B. 汽车   C. 农产品   D. 旅游

4. 直播带货成为农产品线上销售渠道新模式,直播间的场景设计视觉上与产品( )、直播( )相呼应。

  A. 属性   B. 特征   C. 主题   D. 风格

5. 绿幕直播的背景可以用事先准备好的直播脚本PPT,用产品图片加价格的形式,可以根据直播节奏随意切换,同理也可以应用不同类型的直播,各种场景的( )、( )、( )都是可以作为直播背景的,一键切换操作即可。

  A. 图片   B. 动态图   C. 音乐   D. 视频

三、判断题

1. 服饰鞋包类场景搭建在环境光的选择上面,要选择过多的射灯作为环境光的主光源。( )

2. 美食、家清个护类也可以采用货架作为直播间背景,但一定要简洁、大方地摆放,配合直播的贴片、公告类的软装挂件,让进入直播间的粉丝能够直观感受到产品内容。( )

3. 直播车属于非常专业的解决方案,因费用较高,不便携带等因素,需要如此专业的设备直播的场景比较少,千万元成本又实在是太奢侈了。如有此类需求,可以寻找专业团队租赁使用。( )

4. 推动农产品与直播新业态的创新融合,有利于提高农产品知名度、美誉度,更好地打造农产品品牌,带领农户们脱贫致富。( )

5. 蓝幕和绿幕都是拍摄特技镜头的背景幕布,主播人物在蓝幕、绿幕前演示,由摄影机拍摄下来,画面在计算机中处理,抠掉背景的蓝色或绿色,换上其他背景。( )

任务三 直播间软环境设计

项目任务书

课内学时	10	课外学时	2
知识目标	1. 明确直播工具的类型和选择直播工具的原则 2. 掌握中控台后台使用技巧		
技能目标	1. 能够熟练操作平台技能工具 2. 能够对直播设备进行调试,并能解决直播设备常见的问题		
素养目标	1. 体验直播工具对于提升直播间氛围的作用 2. 养成熟练掌握操作平台技能的习惯 3. 感悟信息时代延伸出的直播文化,增强新技术、新岗位延伸出的工匠精神		

续表

项目任务描述	1. 分任务搜集直播工具类型的视频资料,正确选择直播工具 2. 练习操作平台技能工具,对中控台后台使用技巧的运用心得进行分享 3. 对直播设备常见问题进行分类,提供有效解决方案,并调试展示
学习方法	1. 动手实践 2. 听教师讲解
所涉及的专业知识	1. 直播工具的类型和选择直播工具的原则 2. 平台技能工具操作指南,中控台后台使用技巧 3. 基础直播设备调试方案,直播设备常见问题及解决方法
本任务与其他任务的关系	本任务是上一个任务的成果展示,能够在直播平台完整呈现,是直播环境创建任务的整体完成
学习材料与工具	材料:①项目任务书后所附的基本知识;②在线视频资料 工具:项目任务书、任务指导书、手机、计算机、笔
学习组织方式	个人学习与小组学习相结合

 任务指导书

完成任务的基本路径如下。

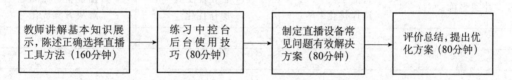

第一步,小组成员分任务收集直播工具类型的视频资料,正确选择直播工具,并在小组里展示,填写表 3-12。

表 3-12 任务产出——直播工具类型分析

小组名称	视频名称	产品	平台	工具

第二步,小组成员练习操作平台技能工具,对中控台后台使用技巧的运用心得在小组里进行交流,并在小组里展示。填写表 3-13,对操作平台技能工具及中控台后台使用技巧进行分析整理,并提出改进建议。

表 3-13　任务产出——操作平台及中控台后台技巧分析

小组名称	直播工具	中控台	优势	劣势

第三步,小组成员对直播设备常见问题进行分类,并提供有效解决方案,在小组里进行调试展示,填写表 3-14。

表 3-14　直播设备常见问题汇总表

小组名称	灯　光	摄像头	收音设备

第四步,根据已有的分析数据,总结经验和需要改进的地方,从表 3-15 所列三个方面提出优化方案。

表 3-15　优化方案

小组名称	直播工具 选择优化	平台技能工具 操作优化	直播设备常见问题 解决方案优化

项目任务评分标准及评分表

任务三 "直播间软环境设计"评分标准及实际评分表(总分 15 分)

班级:_____　　学生姓名:_____　　学生学号:_____

考核标准	分 值 明 细				
	2	4	4	3	2
任务产出	团队分工	直播工具类型分析	操作平台及中控台后台技巧	直播设备常见问题汇总	优化方案
评分标准	分工明确 (2分)	产品定位准确(1分) 平台选用合理(1分) 工具组合科学(1分) 表格填写准确(1分)	平台技巧运用情况 (1分) 中控台后台技巧运用情况(1分) 优势举例(1分) 劣势举例(1分)	问题分类(1分) 解决方案(1分) 调试展示(1分)	直播工具选择优化(1分) 平台技能工具操作优化(1分)

续表

考核标准	分值明细				
	2	4	4	3	2
实际得分					
总得分					

基本知识

一、直播软件介绍

（一）直播工具的类型

各个直播平台都开发了自己的直播软件，例如淘宝直播、直播伴侣，另外就是 OBS、iVCam 等辅助直播和推流的相关软件，如图 3-14 所示。

图 3-14 直播平台相关软件

（二）选择直播工具的原则

以对应平台为原则，例如淘宝使用淘宝直播，抖音、快手使用自带的直播伴侣软件。

有些平台没有自带的推流软件，就需要利用类似 OBS Studio 软件，它是一个实时流媒体和屏幕录制软件，为高效捕获、合成、编码、记录和流传输视频内容而设计，支持所有流媒体平台。它的特性是高性能实时视频/音频捕获和混合，创建由多种来源组成的场景，包括窗口捕获、图像、文本、浏览器窗口、网络摄像头、捕获卡等；设置无限数量的场景，用户可以通过自定义过渡无缝切换；带有每个源滤波器的直观音频混合器，例如噪声门、噪声抑制和增益；全面控制 VST 插件支持；强大且易于使用的配置选项；添加新源，复制现有源，并轻松调整其属性；"简化的设置"面板使用户可以访问各种配置选项，以调整广播、直播或录制的各个方面；使用推流和输出设置。推流码是直播平台提供给主播的独立密码，每个主播各不相同。

iVCam 可以将苹果、安卓手机/平板变成一个给 Windows 计算机用的高清网络摄像头，画质、色准及对焦速度秒杀绝大多数网络摄像头。它兼容所有使用摄像头的软件，也可以用它来替换 USB 摄像头或集成摄像头，因为手机摄像头的视频质量更好，目前手机后置摄像头的像素，比 USB 摄像头的像素高，可以和相机媲美，有了 iVCam，手机就是一个完美的安保、监控摄像头，直播摄像头。

二、不同平台直播软件应用

抖音直播平台自带的直播伴侣软件,在左侧可以切换横屏和竖屏,左侧下方有各种素材可以选择,素材里包含的摄像头也就是外接的摄像头,还有游戏、全屏(整个屏幕上所有的东西),窗口是某一个窗口,视频、图片、截屏、投屏功能也全都有。而且点击摄像头,就会自动识别外接摄像头,摄像头设置可以调节参数,美颜,前景抠图,点击即可抠出人像。还可以添加其他素材,如想播 Excel 表格,就可以选择窗口选项,选择本地 Excel 文档,点击打开后,就出现在直播的画面公屏上,屏幕当中所有的素材都可以移动位置、调整大小。PK、连线、挂小黄车等功能在左下角,若用计算机直播开启 PK 模式,必须连接外置摄像头。软件右下角的窗口是看评论公屏的,在消息设置中可以对评论区的参数进行设置。

此类软件更新比较快,随着直播场景的应用,更新迭代版本会越来越方便,即便一个"小白",也可以很快上手,关键在于多动手,熟练后台应用的实际操作设置。

(一)平台技能工具操作指南

1. 淘宝直播 PC 客户端适合场景

(1)手机直播时,无线网络不稳定,计算机可以使用有线网络直播,网络会更加稳定,有效避免直播卡顿。

(2)在直播过程中,计算机直播软件可以对音视频进行加工,增加更多趣味元素。

(3)不满足于普通手机拍摄设备,用更好拍摄设备进行拍摄。

(4)长时间直播,手机发烫、电源不够等造成直播卡顿、暂停,但是用计算机直播就不存在这样的困扰。

2. 淘宝直播 PC 客户端使用方法

(1)下载后,从桌面打开应用,弹出登录窗口,如图 3-15 所示,输入淘宝主播账号、密码,进行登录。

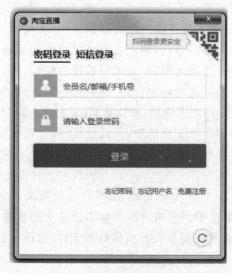

图 3-15 淘宝直播登录窗口

如何用手机拍出高质量的视频

(2)登录成功后,出现直播首页窗口,如图 3-16 所示。

图 3-16　淘宝直播首页窗口

① 点击我要开播,即可进入开播准备阶段。

② 如没有直播或预告,需要根据直播主题及封面创建直播预告,点击创建直播,选择刚创建好的直播预告进入推流界面,如图 3-17 所示。

图 3-17　淘宝直播预告创建

3. 淘宝直播工具功能介绍

1) 主功能页面

(1) 摄像头。点击添加元素,可通过直接点击摄像头获取视频源,如图 3-18 所示。

视频剪辑
基础操作方法

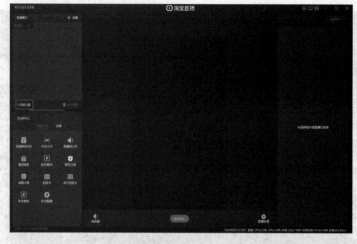
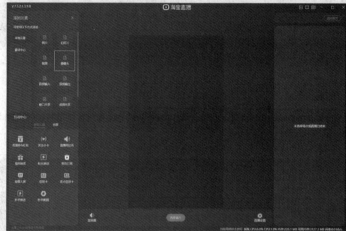

图 3-18 获取视频源

选择相对应的摄像头,点击摄像头左侧的设置图标,可调节摄像头相对应的技术参数,如图 3-19 所示。

图 3-19 调节摄像头技术参数

（2）媒体视频。同样点击添加元素，点击视频，浏览文件，选择需要播放的视频，如需循环播放，可勾选循环，如图 3-20 所示。

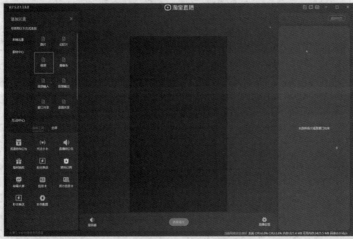

图 3-20　媒体视频选择

（3）窗口捕获。同样点击添加元素，选择某窗口共享或桌面共享，如图 3-21 所示。

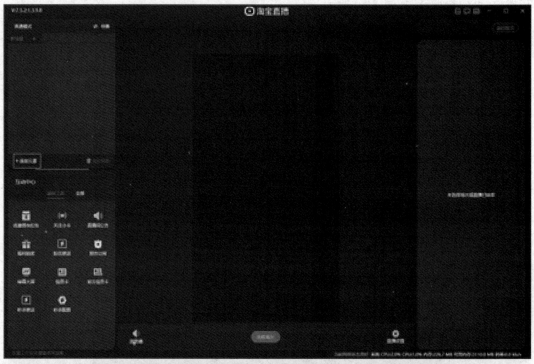

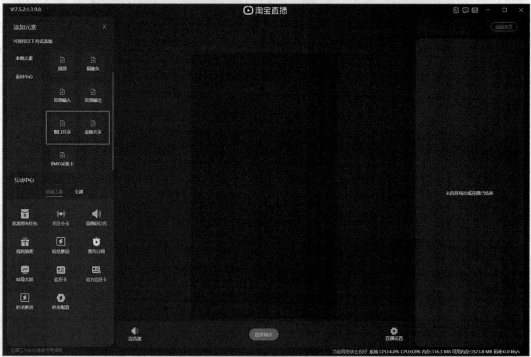

图 3-21　捕获界面

（4）图片。添加图片，选择需要添加的背景图片和所需素材，如图 3-22 所示。

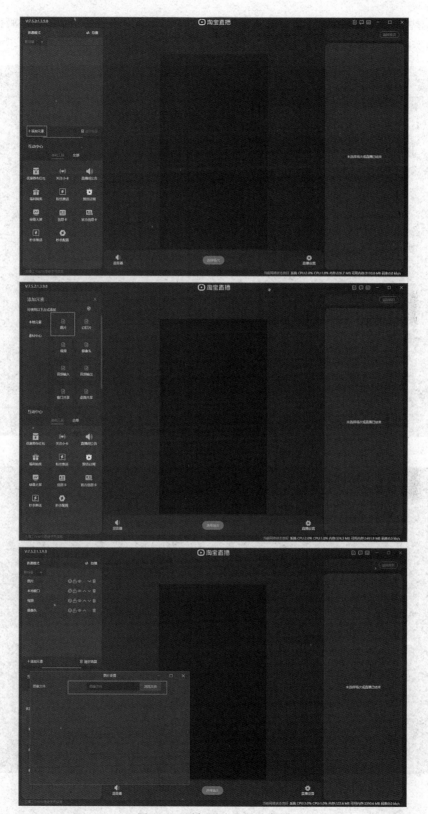

图 3-22 添加图片及所需素材

（5）导播模式。可在预览画面调整画面，调整完成后再同步直播画面，预览画面的调整不会影响实时直播画面，如图 3-23 所示。

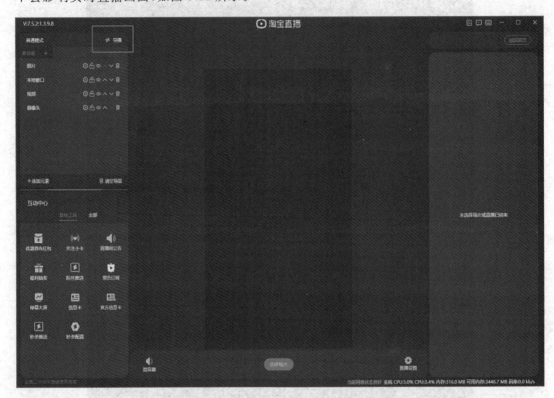

图 3-23　预览画面同步

（6）分辨率选择。点击摄像头后面的设置图标，选择输入分辨率，如图3-24所示。

图3-24　分辨率选择

（7）美颜参数分为美颜和美型功能调节，如图3-25所示。

2）场景元素功能

（1）添加素材元素，如图3-26所示。

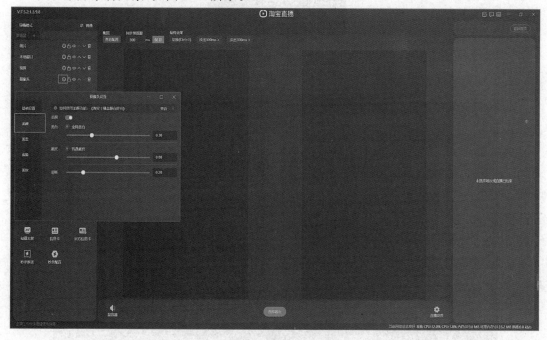

图3-25　美颜、美型功能调节

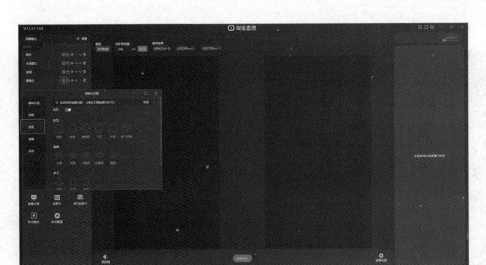

图 3-25(续)

图 3-26 添加素材元素

(2) 删除素材元素,如图 3-27 所示。

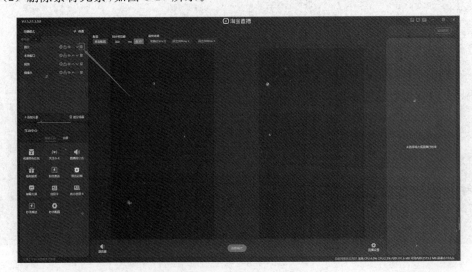

图 3-27 删除素材元素

(3) 素材属性,如图 3-28 所示。

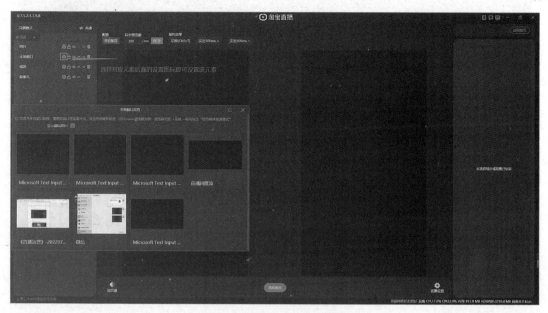

图 3-28　场景元素技术参数

3) 混音器功能

直播声音参数如图 3-29 所示。

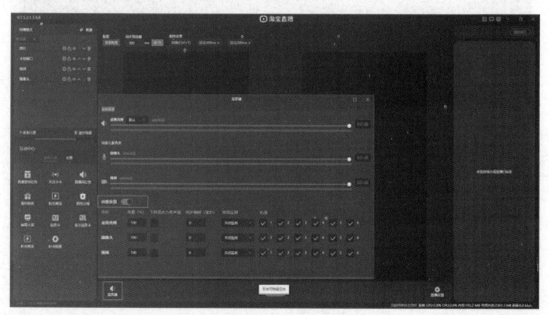

图 3-29　直播声音参数

4) 扬声器功能

选择输出桌面音频,在计算机桌面播放音乐就会输出到直播间,如图 3-30 所示。

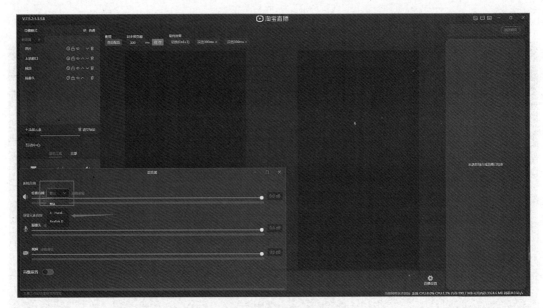

图 3-30　扬声器功能

5）滤镜功能

滤镜功能参数如图 3-31 所示。

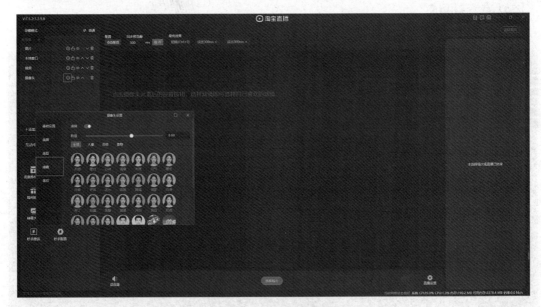

图 3-31　滤镜功能参数

6）推流开关

所有设置准备好后,点击选择场次,选择对应场次后点击开始直播。长时间推流可能会导致计算机卡顿。直播结束时,点击结束直播。

(二)中控台后台使用技巧

中控台互动面板设置如图 3-32 所示。

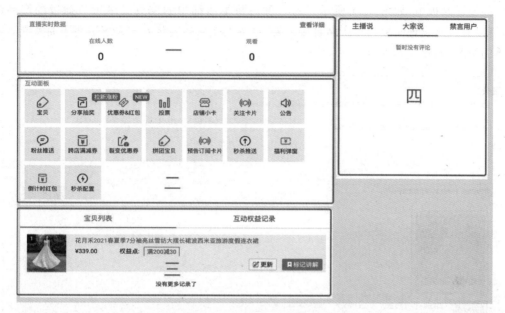

图 3-32 中控台互动面板设置

网页版中控台分为四个导航栏区域。

（1）第一部分为查看实时数据，点击查看详情可以查看本场直播的详细数据。运营人员依据直播中的实时数据，进行直播节奏调整及直播后复盘。如图 3-33 所示，可查看本场直播实时观看人次、转粉人数、成交数据等。

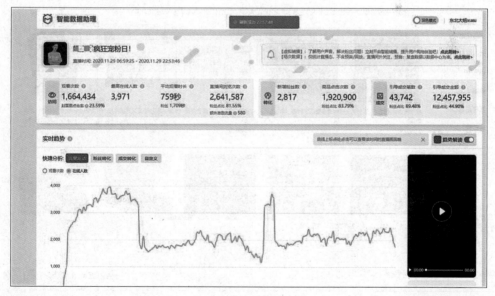

图 3-33 数据详情

（2）第二部分为互动面板，也是直播中以下各项功能的设置入口区域。

① 宝贝。如何在直播中添加购物袋中的产品链接？点击此区域导航栏中的"宝贝"有两种设置方式：一种为添加产品的链接形式，将要上架在直播间的产品链接复制，添加在打

开后的设置面板中,如图 3-34 所示。另一种为将本店铺中的宝贝或最近直播过的产品链接,可以通过此设置面板选择产品直接上架,这种上架商品链接方式大多适用于商家端店铺自播的情况,如图 3-35 所示。

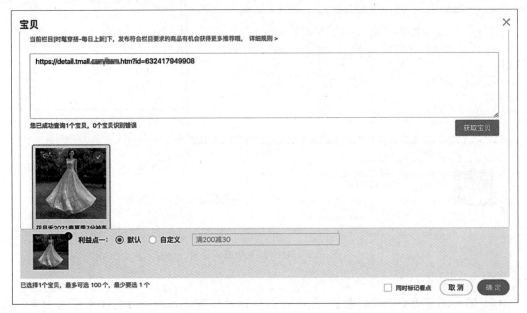

图 3-34　产品上架方式一

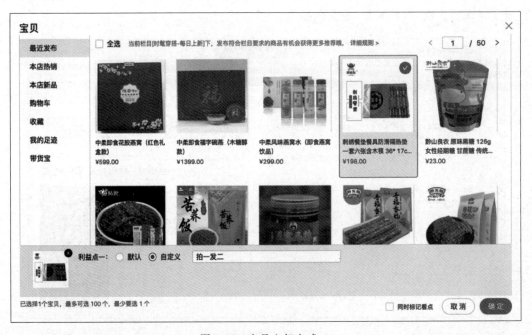

图 3-35　产品上架方式二

② 分享抽奖。它是主播与直播间用户互动、拉新涨粉的利器,不但能够活跃直播间氛围,提升直播流量,更能通过用户拉新助力的方式产生裂变促进涨粉,帮助主播提升用户直播间停留时长,如图 3-36 所示。

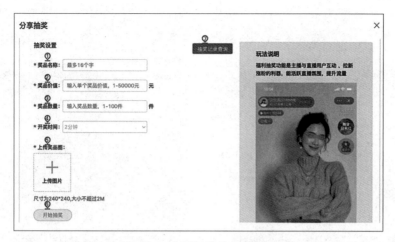

图3-36　直播间抽奖参数设置

a. 奖品名称。输入要抽取奖品的名称,虚拟商品不得作为奖品,提供的奖品必须确保质量要求,部分商品需要先获得特殊资质,如未获得相关资质,请勿作为奖品提供。

b. 奖品价值。输入要抽取奖品的单价,最低1元,最高不超过50 000元(含),价值可保留至小数点后2位,商品单价需如实填写,不得虚报。

c. 奖品数量。输入要抽取奖品的数量,最低1个,最高不超过1 000个,每个用户每次最多抽中1个。

d. 开奖时间。选择要开奖的时间,可选择1~60分钟。

e. 上传奖品图。上传奖品的图片,只需上传1张即可,尺寸为240×240,大小不超过2M,奖品图必须与奖品名称一致,图片信息不得误导用户。

f. 开始抽奖。当所有项都填写完毕后,"开始抽奖"按钮变为高亮状态,点击后就可以在前台开始抽奖。

g. 抽奖记录查询。在这里可查看每次抽奖活动的获奖用户名单。

在手机淘宝App直播间,粉丝端呈现效果如图3-37所示。

③ 优惠券&红包的使用说明如下。

a. 可以先设置好优惠券,在开播后,选择优惠券发放。也可以先开直播,在直播中创建优惠券。

b. 直播中如何发放/创建优惠券。进入直播中控台,开始直播,点击"互动面板"下方"优惠券&红包"选项,选择已创建的优惠券或新建一个优惠券(必须设置全网自动推广优惠券)。直播间优惠券页面如图3-38所示。

在直播间"优惠券&红包"发放的直播间优惠券和红包,将全部收纳进"购前领优惠"弹层中,即使是在发券之后进入直播间的用户,也可以通过"购前领优惠"的弹层,找到直播间之前发放的优惠券和红包并进行领取;当直播间发放过优惠券和红包,"宝贝口袋"上方将出现"购前领优惠"的入口,如果直播间没有发放过任何优惠券和红包,该入口将不展示。

④ 投票。在直播中控台-互动面板下点击"投票"按钮,在弹出的"投票"页面中,填写好信息和时间,点击"开始投票"按钮,如图3-39所示。

(a)   (b)

图 3-37   手机淘宝 App 直播间抽奖页面

图 3-38   手机淘宝 App 直播间优惠券页面

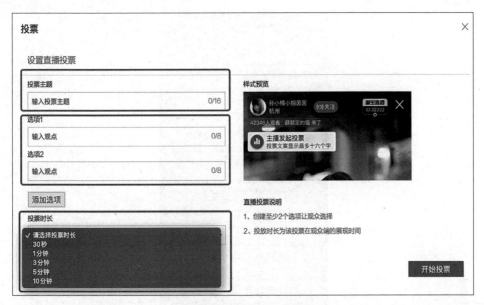

图 3-39 投票参数设置

⑤ 关注卡片。点击"关注卡片",弹出"添加关注"页面,输入账号 ID(淘宝会员名),如图 3-40 所示,即可在"账号详情"处显示主播信息,然后点击"发送"按钮,即可在直播画面中弹出"关注"主播的卡片,从而增加直播间的粉丝转化率。

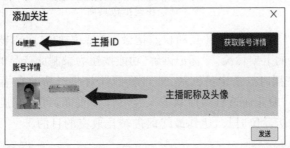

图 3-40 设置关注卡片

⑥ 公告。"进入中控台"→"互动面板"→"公告"输入信息即可设置公告,如图 3-41 所示,消费者通过直播间向左滑将该公告显示在直播印记中,此时直播印记就是中控台设置的公告。

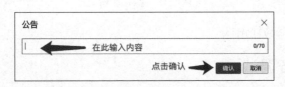

图 3-41 设置公告

⑦ 粉丝推送。点击导航栏中的"粉丝推送"按钮,进入后直接点击进行粉丝推送即可;手机淘宝用户可在"消息—通知消息"中收到推送,淘宝直播 App 用户可直接收到"锁屏页面"推送,如图 3-42 所示。

图 3-42　粉丝推送页面

（3）第三部分为"宝贝列表"与"互动权益记录"，产品添加之后会显示在这个区域内，此时可以看到产品链接的上架情况。"标记讲解"功能按钮为录制此产品的回放功能，如图 3-43 所示，方便粉丝收看直播时点击宝贝回放，即可看到针对此产品的直播讲解回放，也有助于商家录制宝贝讲解后，粉丝通过自然搜索进入宝贝详情页面，可以有提示直播回放的标记，从而获取粉丝更多进店停留时长，达到最终促进转化成交的目的。

图 3-43　标记讲解

（4）第四部分为互动评论区。

三、直播设备调试

1. 摄像头的调试和摆放

摄像头参数调试技巧，可以在直播前用一件红色衣服或其他物体，对比手机呈现的效果，基本与实物的红色基本一致，这时在直播中展示产品的色差会大幅降低。

摆放位置的选择，根据主播身高，调节摄像头机位支架的角度和高度。例如主播的个子偏矮,想调成大长腿的身高,要利用摄像头摆放技巧,面向主播仰角15°,降低支架高度,这样主播在屏幕里呈现的形象会比较高。

2. 灯光设备的调试和摆放

直播间为什么看起来很黑?为什么口红颜色明明是迪奥999的红色,在手机直播中看到的却是暗红的?

这是因为光和参数调节不正确,曝光度、清晰度、饱和度等参数,需要依据所在场景设置,类似这样的问题没有标准答案,一般在实际直播操作中,在直播前,用测试账号来调节光位置和亮度,关于照射的位置,采用"哪里不亮,打哪里,哪里太亮(曝光),就降低哪里"。

不同直播类目的灯光摆放位置如图3-44所示。

(a)

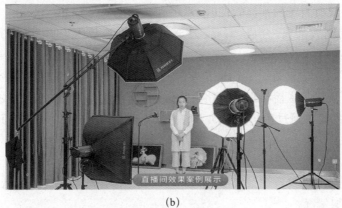

(b)

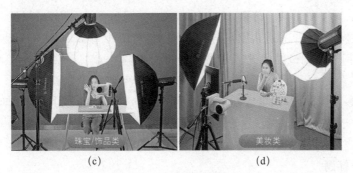

(c)　　　　　　　　　　(d)

图3-44　直播间灯光布置

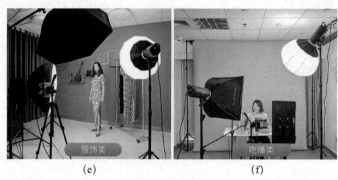

(e)   (f)

图 3-44（续）

服饰鞋包类稍大商品的带货直播，照射面积更大，主播是站立状态，因为主要突显产品，同时保证主播在画面中呈现的效果，可以压低一下两侧的辅灯来给产品补光，环形灯停留在与主播头颈部位平行的位置，打光应该注意全身均匀，手机或摄像设备需要单独的支架，放置在胸部以下和膝盖以上之间的水平位置，这样可以拉长身材比例，达到增高显瘦的效果，对主播面部略带仰拍的角度也显得主播更有气质。

 ## 自我练习

一、单项选择题

1. 有些平台没有自带的推流软件时，要用到类似 OBS Studio，它是一个实时（　　）和屏幕录制软件，为高效捕获、合成、编码、记录和流传输视频内容而设计，支持所有流媒体平台。

    A. 新媒体　　　　B. 自媒体　　　　C. 流媒体　　　　D. 主媒体

2. 分享抽奖玩法是主播与直播间用户互动、拉新涨粉的利器，不但能够活跃直播间氛围，提升直播流量，更能通过用户拉新助力的方式产生裂变促进（　　），帮助主播提升用户直播间停留时长。

    A. 成交　　　　B. 变现　　　　C. 推流　　　　D. 涨粉

3. 宝贝列表与互动权益记录区域，添加（　　）之后会显示在这个区域内，此时可以看到产品链接的上架情况。

    A. 产品　　　　B. 流量　　　　C. 主题　　　　D. 粉丝

4. 粉丝通过自然（　　）进入宝贝详情页面的，有提示直播回放的标记，从而获取粉丝更多进店停留时长，达到最终促进转化成交目的。

    A. 锁定　　　　B. 寻找　　　　C. 搜索　　　　D. 观察

5. 摄像头参数调试技巧，可以在直播前用一件（　　）衣服或其他物体，对比手机呈现的效果，基本与实物的颜色一致，这时在直播中展示产品的色差会大幅降低。

    A. 红色　　　　B. 绿色　　　　C. 紫色　　　　D. 蓝色

二、多项选择题

1. 摆放位置的选择，根据主播身高，调节摄像头机位支架的（　　）和（　　）。例如主播的个子偏矮,想调成大长腿的身高,要利用摄像头摆放技巧,面向主播仰角15°,降低支架高度,这样在屏幕里呈现出的主播形象就会看起来很高。

    A. 角度　　　　　B. 横位　　　　　C. 高度　　　　　D. 纵位

2. 服饰鞋包类稍大商品的带货直播,照射面积更大,主播是站立状态,因为主要突显产品,同时保证主播在画面中呈现的效果,这个时候可以(　　)一下两侧的辅灯来给产品补光。

    A. 提升　　　　　B. 压低　　　　　C. 覆盖　　　　　D. 去除

3. 直播过程中手机或摄像设备需要单独的支架,放置在(　　)以下和(　　)以上之间的水平位置,这样可以拉长身材比例,达到增高显瘦的效果,对主播面部略带仰拍的角度也显得主播更有气质。

    A. 面部　　　　　B. 胸部　　　　　C. 小腿　　　　　D. 膝盖

4. 有的直播间为什么看起来很黑,是因为光和参数调节不正确,(　　)等参数需要依据所在场景设置。

    A. 曝光度　　　　B. 准确度　　　　C. 饱和度　　　　D. 清晰度

5. 查看实时数据时,点击查看详情可以查看本场直播的详细数据,是运营人员根据直播中的实时数据情况主要的数据来源依据,进行直播节奏的(　　)及直播后(　　)。

    A. 整理　　　　　B. 调整　　　　　C. 复盘　　　　　D. 宣传

三、判断题

1. 手机直播时,无线网络不稳定,计算机可以使用有线网络来直播,网络会更加稳定,有效避免直播卡顿。(　　)

2. 目前各个直播平台开发了自己的直播软件,如淘宝直播、直播伴侣,另外就是OBS、iVCam等辅助直播和推流的相关软件。(　　)

3. 选择直播工具的原则,以对应平台为原则,例如淘宝使用淘宝直播、抖音、快手使用自带的直播伴侣软件。(　　)

4. OBS Studio的特性是高性能实时视频/音频捕获和混合。创建由多种来源组成的场景,包括窗口捕获、图像、文本、浏览器窗口、网络摄像头、捕获卡等。(　　)

5. iVCam可以将你的苹果、安卓手机/平板变成一个给Windows计算机用的高清实体摄像头,画质、色准及对焦速度秒杀绝大多数网络摄像头。(　　)

项目四

组建直播运营团队

组建直播运营团队

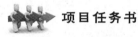 项目任务书

课内学时	4	课外学时	2
知识目标	1. 对直播团队组建有初步的了解 2. 知道直播团队都有哪些类型		
技能目标	1. 根据实际直播需要选择适合的团队模式 2. 根据个人特征和意愿度,能够做到人岗匹配 3. 能够组建一个分工明确、职责清晰的直播运营团队		
素养目标	1. 遵守各直播平台的制度法规,遵纪守法,德法兼修 2. 培养法制意识,建立制度自信 3. 培养团队配合意识		
项目任务描述	1. 组建团队 2. 团队人员分工 3. 主播角色定位 4. 主播打造		
学习方法	1. 听教师讲解相关知识 2. 实践操作 3. 案例分析		
所涉及的专业知识	1. 直播运营团队的类型 2. 直播团队的岗位名称及岗位职责 3. 主播的类型及训练方法		
本任务与其他任务的关系	本任务与其他任务为平行关系。本任务所组建的团队在以后的任务中会继续延用		
学习材料与工具	材料:①项目任务书后所附的基本知识;②在线视频资料 工具:项目任务书、任务指导书、手机、计算机、笔		
学习组织方式	部分步骤以团队为单位组织,部分步骤以个人为单位组织		

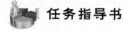
任务指导书

完成任务的基本路径如下。

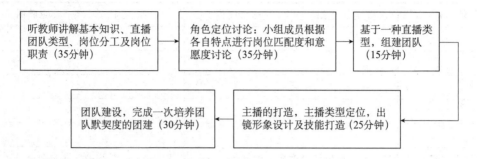

第一步,听教师讲解直播团队基本知识,阅读以下案例,填写表 4-1。

案例:某直播团队分工。

洋洋 2013 年辞掉了工作,打算自己创业在淘宝开店,经过不断的学习,产品定位,寻找货源,最终选定了女装产品,开始了店铺"大洋洋洋啊"的运作。店铺运营初期,洋洋一个人拍产品照片、写文案、装修店铺,随着店铺的运营数据越来越好,团队也扩充到了 4 个人。

到了 2016 年,团队决定以淘宝平台为载体开通店铺直播,每天直播 4 小时,其中洋洋是主播,她负责在直接间内展示并介绍商品和活动,与用户互动;大美是副播,与主播配合,向用户说明直播间的规则,介绍促销活动,补充商品卖点,引导用户关注;小巴是场控,负责直播间的中控台,协调商品的上下架,根据直播间的要求更改商品价格以及控制直播节奏等;大山是助理,配合直播间主播的现场所有工作。

"大洋洋洋啊"店铺直播一个月后,粉丝新增了 12 001 人,粉丝都说边看直播边购物是一种享受和体验。

表 4-1 直播团队类型案例分析

1. 案例中的直播团队属于哪种类型:
2. 画出该直播团队的岗位分工图:
3. 写出各岗位的岗位职责:

第二步,角色定位讨论,小组成员根据各自的特点与直播岗位进行匹配度和意愿度的讨论,并完成表 4-2。

表 4-2　任务产出——团队分工

姓　名	适合工作组	适合岗位	原　因	竞聘岗位
每位同学根据自己的特长和意愿度填写适合工作组和适合岗位(可多选),竞聘岗位不超过两个					

第三步,组建团队。基于一种直播类型,团队成员根据各自竞聘岗位,进行岗位分配,今后在完成任务的过程中,如有团队项目沿用此分工,填写表 4-3。

表 4-3　任务产出——团队岗位分工

学　号	姓　名	所属岗位小组	担任岗位	岗位职责
教师评价:				

第四步,完成主播打造。基于选定的直播类型,设定一个直播场景(包含但不限于直播产品类型,直播间风格),给主播做类型定位、形象设计和技能提升,填写表 4-4。

表 4-4　任务产出——主播定位

直播产品类型		直播间风格描述	
主播姓名		主播类型	
主播形象设计描述	发型/服装/妆容	语言特征	性格标签
主播造型图	1.	2.	3.
备注			

第五步,团队建设。完成一次培养团队默契度的团建。

项目任务评分标准及评分表

"组建直播运营团队"评分标准及实际评分表（总分 5 分）

班级：_____　　　学生姓名：_____　　　学生学号：_____

考核标准	分值明细				
	1	1	1	1	1
任务产出	阅读案例，填写案例分析表	角色定位讨论，小组成员根据各自的特点与直播岗位进行匹配度和意愿度的讨论，并完成岗位匹配表	组建团队	完成主播打造	团队建设
评分标准	每填写一项案例分析表中的内容，完成得 0.33 分，总分值不超过 1 分	能客观地分析出自己的特点，得 0.5 分 能根据其他人的特点，完成直播岗位，并且完成岗位匹配表，得 0.5 分	准确分配好团队人员，并给团队成员明确岗位职责即得分	完成一项主播定位表中的内容，得 0.1 分，总分值不超过 1 分	完成一场直播，在直播过程中，团队中每个人是否各司其职。根据完成效果打分
实际得分					
总得分					

基本知识

一、直播团队搭建

一场好的直播就像拍电影一样，不是镜头前的主播一个人就能完成的，想要让用户在观看的时候产生强烈的代入感，给用户创造一个身临其境的场景，引发用户的购买欲望，背后需要多方共同发力，而搭建一个配置科学的直播团队尤为重要。

（一）直播团队的类型

1. 主播直播团队

主播直播比较适合没有直接货源的主播，他们一般没有店铺、没有商品库存，靠接商品为主，为商家做专场直播，也可以在自己的直播间内发布多个商家的商品链接，从中赚取佣金，如图 4-1 所示。

主播直播不是自己的货源，只需要和商家做好对接，就可以在直播间内直播商品，因此，主播的直播间内商品上新的速度比较快，但是直播的商品比较受限于商家为其提供的价格和款式。

2. 主播店铺团队

主播店铺是给自己的店铺直播卖货,主播店铺可以根据自己店铺的活动,自由安排直播,不受时间和时长的限制,如图 4-2 所示。

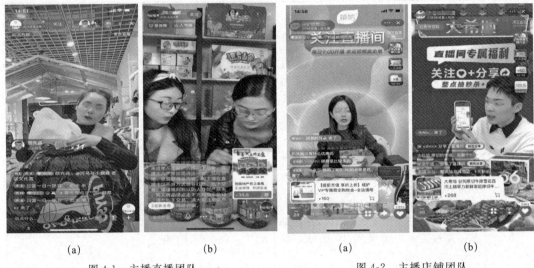

(a)   (b)   (a)   (b)

图 4-1 主播直播团队   图 4-2 主播店铺团队

主播店铺的核心在于店铺,很多店铺会通过直播来打造爆款,为店铺引流,提升店铺转化率。在店铺直播中,用户更加看重的是商品本身,例如商品的品牌、性能参数和性价比等。

3. 商家直播团队

商家直播是商家培养自己的直播团队,和其他类型的直播团队相比,更为专业化和规范化,管理也更系统化,如图 4-3 所示。

有实力的商家,可以从内部挖掘人才组建团队,培养自己的员工来做主播,商家如果从外部找主播,过程比较难,因为一个新人主播要熟悉产品很容易,但要熟悉企业文化、契合企业气质则需要一个漫长的过程,从内部着手,这样最稳定,也更懂得公司的商品和文化,商家还可以培养自己企业的 IP。

(a)   (b)

图 4-3 商家直播团队

（二）人员角色岗位划分

无论是个人还是商家，要想真正做好直播带货，组建直播团队是非常必要的。

根据直播人员工作岗位设置、工作内容、工作流程等要素，直播团队可以分为四个组别：直播策划组、选品组、运营组和直播组。一场直播完整的职能流程如图4-4所示。

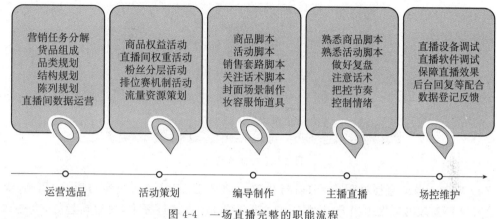

图4-4 一场直播完整的职能流程

1. 直播策划组

直播策划组的主要工作内容包括确定直播主题、策划直播活动，规划脚本并负责前期制作，完善直播中的执行等。团队成员根据直播的主题确定商品、布置直播间场景及规划直播时长等。

直播策划组包括编导和制作组，主要职责如下。

（1）编导。负责策划直播活动，撰写直播脚本等。

（2）制作组。负责前期设计并拍摄剪辑短视频预热等。

2. 选品组

选品在很大程度上直接决定了直播间的销量，主播或者商家想要获得用户的信任，积累黏性粉丝，也必须对销售的商品负责。选品组的主要工作职责如下。

（1）考评商品的品牌声誉，了解品牌私域流量的粉丝画像，根据粉丝画像数据，挑选商品。

（2）结合主播的定位和优势进行选品。

（3）负责查看商品的成分，保证商品的质量安全。

（4）根据时间节点、季节变化、节日热点进行针对性选品。

（5）负责对商品进行提前自用测试。

3. 运营组

运营组一般包括流量运营、商品运营、活动运营和粉丝运营，主要负责直播的正常运营。运营组的主要工作职责如下。

（1）流量运营。利用公域场景为直播间预热，并通过话术和方法将用户转化为直播间的私域流量；负责直播间的数据统计。

（2）商品运营。负责直播间的商品提供，商品卖点的挖掘，商品知识的培训，商品的优化等。

（3）活动运营。根据平台方出来的活动，负责搜集活动的信息，策划活动的文案，执行计划等，例如，"3·8女神节"（见图4-5），"双十一大放促"，与主播及直播平台对接各种线上、线下的活动。

图4-5　女神节活动

（4）粉丝运营。直播过程中，主播与粉丝互动交流，使粉丝获得参与感、归属感、满足感，这样会使粉丝的凝聚力提升，品牌影响力得到扩散；直播过程中，要对粉丝好，直播结束后，要对粉丝更好，结束直播后及时回复粉丝的问题并持续地向粉丝提供更多有价值的内容；对主播或者店铺、直播间的微博、粉丝群、抖音号等公众账号进行日常维护。

4. 直播组

直播组的主要工作内容包含展示商品，与用户互动，针对不同的粉丝群体属性制订不同的福利方案，在直播结束后，直播组还要做复盘、信息反馈，以优化和提升直播效果。直播组包括主播、副播、场控和助理，主要职责如下。

（1）主播。负责正常直播，熟悉商品的信息，在直播间内展示并介绍商品，与用户互动，介绍活动，复盘直播内容等。

商家会从匹配度、性价比和承接力三个维度来挑选主播。

① 匹配度。匹配度包括主播的风格调性与商家的产品特性、企业文化等的契合度，还包括主播粉丝与商家目标用户的重合度。为了确保主播与商家相匹配，策划人员要分析主播数据，前往主播直播间、粉丝群等了解实际情况，以免因为信息不对称选错主播。

② 性价比。策划人员应该认识到，挑选主播不能一味地追求低价，因为主播的带货能力与其合作费用成正比，盲目选择低价主播很容易影响直播活动的效果。当然，主播也不是越贵越好，知名主播虽然能力比较强，但价格也非常高，不适合很多中小商家。所以，策划人员在挑选主播时要考虑商家的承受能力，挑选一个高性价比的主播。

③ 承接力。承接力主要是指主播的卖货能力，直播人气高并不代表主播的卖货能力强，想要在直播中促成交易，需要主播在直播内容、话术、粉丝互动等方面做好充分准备。因此在确定合作的主播之前，策划人员还需要考察主播的卖货能力。

（2）副播。协助主播直播，与主播配合，说明直播间规则，介绍促销活动，补充商品卖点，引导用户关注等。

（3）场控。负责直播间的中控台，协调商品的上下架，发送优惠信息，红包公告，进行抽奖送礼，随时根据直播间的要求更改商品价格以及控制直播节奏等。

(4) 助理。主播的助理,需要配合直播间主播的现场所有工作。

个人或者商家可以根据自己的人员以及预算合理配置直播团队人员,如表 4-5 所示。

表 4-5 直播团队岗位人员需求

岗 位	直播策划组	选品组	运营组	直播组
低配版(2人)				●●
基础版(4人)	●	●	●	●
进阶版(6人)	●	●	●●	●●
高阶版(8人)	●●	●●	●●	●●
旗舰版(11人)	●●	●●	●●●	●●●●

(三)主播的角色认知

随着网络直播技术的发展,主播作为一个全新状态的职业不断吸引人的注意力,是直播带货行为中的核心人物。

1. 主播的类型

根据不同的参考维度,可以将主播划分为多种类型。

(1) 以直播内容划分,可以将主播划分为游戏解说类主播、秀场表演类主播、互动娱乐类主播、专业类(如美食类、教育类、体育类、财经类)主播等。

① 游戏解说类主播是在直播中传播在线游戏操作、解说游戏技巧、游戏经验介绍,或者电子竞技比赛为主要内容的一类主播。游戏主播又可以细分为专业竞技型主播(打比赛)、技术解说型主播、才艺颜值型主播等,从业者多数是从游戏职业玩家、游戏高手、游戏红人转型而来,这是目前网络主播中发展较为规范的一类。

② 秀场表演类主播是直播内容以唱歌、跳舞、乐器、喊麦(MC 主播)等才艺为主,在表演的同时和粉丝或者其他主播同步沟通交流的一类主播。这类主播是网络主播占比最高的门类,因为人口基数大,也是平台打赏收入的主要来源。这类主播没有入门门槛,但是想要发展成为头部主播必须具备颜值、才艺、会互动、高情商等素质,两极分化比较严重。图 4-6 为 2022 年抖音演艺类直播数据。

③ 互动娱乐类主播包括聊天主播、NJ 主播、户外主播、美食主播、电商主播等,这种主播类似一个自媒体或者一个主持人。聊天主播和 NJ 主播(语音类主播,如荔枝 FM、喜马拉雅中的主播)的传播内容是和用户聊天、听歌、评论热点事件、分享自我观点等,是一种语言表达、沟通交流为主的主播类型。户外主播和美食主播主要的传播内容通俗来讲就是带着大家吃喝玩乐,如旅游、探店、做饭等,在户外、餐厅、厨房这样的场景,而不是室内直播间来直播。电商主播主要是以淘宝、京东、唯品会等电商为代表,给大家介绍服饰、美容等产品,以展示和推介产品为主,以销售为目的的主播。

④ 专业类主播传播的内容需要一定的门槛,也就是对某个行业或者领域的知识必须是了解甚至是精通,他们传播的内容比较专业,比较有技术含量,但也相对小众,包括体育主播、财经主播、健身主播、小语种主播、美妆主播等。

(2) 以签约形式划分,可以将主播划分为平台独家主播、公会主播、独立主播等。

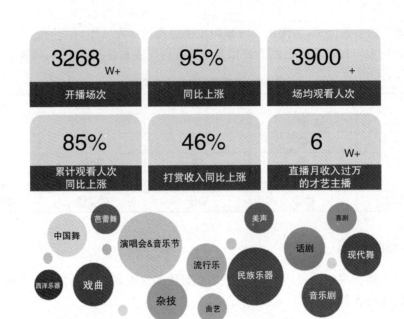

图 4-6　2022 年抖音演艺类直播数据

① 不签约相对自由,时间可以根据自己的心情来,想什么时候播就什么时候播,想播什么内容就播什么内容,一切都是自己说了算,但弊端也很明显,内容不稳定,没有统一规划,收入没有保证,更没有团队包装和运营,推荐位更是难上加难,很难做成大主播。

② 平台签约一般分为两种:一种是平台直接签,但是平台门槛高而且不会有专门团队来孵化,挣多少全靠自己。另一种是和公会签约(经纪公司),签约后,主播会得到更多的机会,更加全面的运营,收入也会有所保障。

(3) 以主播知名度和影响力以及收入划分,可以将主播划分为头部主播,肩部主播,腰、尾部主播。

中国直播电商行业带货主播的二八效应明显,头部主播占比相对较少,腰尾部主播占比超过 90%,如图 4-7 所示。但不同级别的主播具有不同的功能,应注意组合运用。

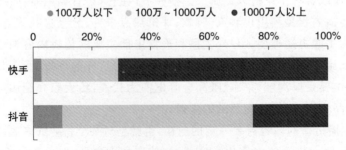

图 4-7　快手和抖音主播直播带货数据

① 头部主播：吸引关注。头部主播有着较大的粉丝规模和号召力，但成本高，适用于活动早期吸引。

② 肩部主播：传递信息。肩部主播性价比高，可以作为主力军，覆盖多领域传播营销信息。

③ 腰、尾部主播：分发扩散信息。长尾主播影响力和内容创作力有限，可以当作辅助分发渠道，进一步扩散营销信息。

2. 主播承担的角色

主播的出现，得益于 KOL 和网红经济的发展，在直播电商生态中，主播除了是直播间的灵魂，需要作为主角出镜外，还承担了多个重要的角色，例如销售卖手、场控和渠道商等。

（1）面对用户端时，销售卖手的角色定位，要求主播在面对直播间粉丝群体时，能够精准把握住用户需求，基于对 SKU 商品属性的熟悉与了解，来保证产品品质的可靠与真实，而用户通过这个过程来种草或者进一步完成买单的动作；对应到主播的角色，其实是实现了产品营销和用户转化两个环节。

（2）"场控"的角色主要体现在对整个直播间氛围的调动和控制。更重要的是，直播间的带货、种草及交易的场景使主播在发挥"场控"作用的同时，也实现了品牌方的私域流量积累。

（3）面对供应链端时，少部分主播会发挥"渠道商"的角色，跳过中间商环节直接撬动供应链环节的"货"。由于"货"的本质就是 SKU 在供应链环节的流转，供应链效率直接关系到商品品质以及用户体验环节。因此，优秀的主播需要在品质把控、商品议价上发挥更大价值。

（四）主播的核心技能

在直播中，主播是店铺、商家、企业联系用户的重要环节，主播的各种表现在很大程度上决定了直播能否吸引用户的注意，主播的能力是直播成败的关键因素，如图 4-8 所示，所以培养主播的核心技能至关重要。

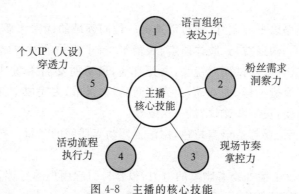

图 4-8　主播的核心技能

1. 语言组织表达力

在直播中，语言是主播思维的集中体现，与主播的外在形象相比，说话更能体现出修养和气质。说话是一门艺术，一位主播即使外在条件非常出众，但说话如果语无伦次或者信口开河,观众也不会有长时间观看的兴趣。因此,要想成为一位优秀的主播,必须提升语言组织表达力。

对于新手主播,掌握"四要三少"的原则。"四要"是指要有逻辑、要把握语速、要抑扬顿挫有语调、要有停顿;"三少"是指少用语气助词、少说废话、少讲专业术语。

(1)要有逻辑。在直播过程中,能否将一件事情、一个商品,用通顺的语言表达清楚,前因后果都很流畅,这就是逻辑。如果不具备这种能力,思维太过跳跃,那就先放慢自己的速度,每一句要表达的话都要有前后联系,顺着逻辑走。

例如,新人直播间话术。

"大家好,我是一名新主播,今天第×天开播,还有很多不懂的地方,如果有什么地方做得不够好,希望大家多多见谅。"

"谢谢大家今天送我的礼物,我还是一个新主播,能够得到大家的支持,真的很感动。"

(2)要把握语速。有时候过快的语速,再加上咬字发音不准,逻辑不通,那么对观看直播的用户来说简直就是折磨,增加用户理解的难度。说话快,不代表语言表达能力好,也可能是一种紧张的表现。直播中要根据直播产品的品类及主播风格,设定适合的语速,表达中要逻辑层次分明,咬字清晰。

(3)要抑扬顿挫有语调。如果平白直述地介绍商品、说话,那么直播间肯定留不住人,因为没有任何的煽动力,引不起观众的共鸣,譬如主播在介绍今天直播间的特价商品时,会提高声调,又譬如在宣布商品上架的时候会提高声调,会加快语速。

(4)要有停顿。适当的停顿不仅是让自己厘清逻辑,也是让观众停下一会儿去思考。

(5)少用语气助词。"啊、那个、然后",过多的语气助词,会让用户听起来不舒服,过于累赘,甚至有些用户会挑这个毛病。

(6)少说废话。说话用词要得体,如果主播经常说和商品和直播间无关的废话,说话时夸大其词,或者词不达意,都会成为引发观众反感的导火索,因此新手主播说话用词一定要得体,少说废话。

(7)少讲专业术语。就算要讲一些专业的商品的名词解释,也尽量用通俗易懂的语言去描述。

新手主播除要遵循以上原则外,还可以选择一位同领域的优秀主播去模仿学习,学习他在直播间的语言、话术、沟通技巧、肢体语言、表情等,有了模仿的对象之后,就要多练习,所有的细节都熟悉后,就可以尝试面对镜头,去开直播,邀请朋友们捧场,期间不要中断,就跟模拟一场真正的直播卖货一样,去互动,去介绍商品,去踢单,去完成全部流程,直播结束后,再找观众们说一说感受,提一些建议,做一次复盘。

当有了直播经验后,要打造语言特色,用语言调动直播间的气氛。打造语言特色的方法如下。

(1)语言幽默化。主播如果有幽默的潜力,很容易引起用户的好感,幽默的语言不仅能在直播间内起到"润滑剂"的作用,还能表现出主播的智慧。

例如,直播间幽默话术。

"主播最近有什么车可以推荐吗?""粉丝宝宝可以考虑购买主播的购物车哦。"

(2)语言要有亲和力。亲和力是人与人沟通的一种基本能力,在直播中真诚地对待每一位用户,不用任何虚情假意的情绪渲染,与用户建立像朋友一样的关系,以平等的姿态推荐产品。

（3）积极互动，有效沟通。在直播间，主播与用户互动交流时要有真情实感，读出用户发在直播间的话，更有可能促成有效沟通。这里的读出不是用户打出什么字就读什么字，需要将话结合自己的逻辑分析，用准确的语言将用户的意见描绘出来，这样用户会觉得主播很在意他，沟通会达到更好的效果。

例如，直播间有效沟通。

"主播你皮肤好好，怎么保养的？"

"谢谢宝宝夸奖，我的皮肤除了注意饮食之外，就是选择好的护肤品，比如今天我推荐的这款，它能够……"

（4）表达内容丰富。要想满足庞大的直播用户群体的需要，直播内容必须丰富，因此主播要具有内容创作能力，而且这些内容要有内涵和趣味。主播要运用自己的专业知识，多维度去描述商品，阐述商品的优势，传递商品的价值，从而赢得用户的信任，最终引导用户完成交易。

2. 粉丝需求洞察力

美国著名心理学家爱德华·桑戴克在20世纪20年代曾提出"光环效应"的概念，简单来说就是当一个人喜欢某人或某物时，往往会爱屋及乌地喜欢他所喜欢的物品或这些物品的其他特性。粉丝经济便是一种典型的"光环效应"，粉丝因为喜爱某个流量主播，受其影响会主动购买该主播所推销的商品，从而产生主动消费行为，这种消费行为说到底是由明星主播的影响力，或由消费者对明星主播的信任决定的。反过来，粉丝的助力又进一步增强了主播的影响力，因为对粉丝的影响力和号召力，主播便具有了不可比拟的议价优势。主播聚合的购买力越强，他们能拿到的折扣就越高，给粉丝的零售价就会越低，价格越低反过来又会吸引更大量的粉丝、增加粉丝的黏度，从而最终形成一个良性的循环链条，进而提升了粉丝经济的效力和优势。因此，主播需要洞察粉丝的需求，以粉丝为出发点，深谙粉丝心理，激发粉丝的情绪共鸣，来与粉丝建立强关系。

洞察粉丝需求"三点"方法论。"三点"是指痛点、痒点和爽点，直播营销的对象是消费群体，是形形色色不同类型的人，主播要设身处地地站在用户、粉丝的立场上思考问题，深入了解目标用户群体的现状与内心感受，挖掘出其真正的需求，找到他们的"痛点"，挠到他们的"痒点"，触达他们的"爽点"。

（1）痛点：用户恐惧。什么是痛点？顾名思义，痛点就是用户急需解决的问题，若不解决会很痛苦，一个人解决痛苦时的动力是最大的。例如，吃饭是人最基本的需求之一，饿了就要想办法找东西吃；生病时人会感觉很痛苦，就会主动找医生来解决痛苦。如今，痛点的内涵发生了变化，它是指对商品的需求中，被大多数人反复表述过的有待解决的问题或有待实现的愿望。

痛点营销就是通过挖掘目标用户群体急需解决的问题，找出其核心需求，从分析痛点的角度切入，紧接着提出积极、有效的解决方案，从而提高营销成功概率的一种营销方法。例如，家里厨房的抽油烟机清洗起来非常麻烦，如果有一种喷剂，对着抽油烟机喷一喷，再一擦，抽油烟机就干净了，既方便，又快捷，效果还很显著，解决了用户清洗抽油烟机麻烦的痛点，用户自然就会很想了解这种喷剂。

（2）痒点：虚拟自我。痒点反映了用户的虚拟自我，就是人们想象中的自己，人都有七情六欲,欲望得不到实现,心就会痒,人就会想方设法满足自己的愿望,根据马斯洛需求层次理论,人的需求是有层级之分的,如图4-9所示,并且在低层级的需求实现之后,就会想要继续往上追求更高层级的需求。人的基础需求是满足基本生存、生活的需要,那么人的欲望就是对更美好、更舒适、更安全的生活的追求。

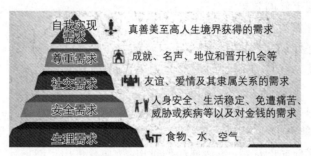

图4-9 马斯洛需求层次理论

手机作为一种通信工具,其常规功能是打电话、发短信、拍照、上网等,这些功能基本能够满足用户的需求,但为什么很多用户愿意花更多的钱,甚至花更多的时间去抢一部新款的智能手机呢?因为新款的智能手机应用了最新的技术,功能更加强大,而且代表了时尚、潮流、高科技,并且提供了更好的体验。对于这部分追求潮流和良好体验的用户而言,新款智能手机就是抓住了他们的"痒点",如果得不到,也不会影响基本生活,但心里会痒痒的,一直渴望。

(3) 爽点:即时满足。爽点反映的是人的即时满足感,人在满足时的状态叫"愉悦",如果能够得到即时的满足,这种感觉就是"爽"。例如,人在饥肠辘辘时就想吃饭,这时他既可以选择自己买菜做饭,也可以选择去餐厅吃饭,但如果既嫌做饭麻烦,又懒得出去,就可以在外卖平台上下单,配送员很快就会把饭菜送到家,这就能给用户带来及时满足的感觉。

3. 现场节奏掌控力

直播间控场的目的是根据直播流程,从冷启动到人气增长再到人气稳定的过程,把控好直播间的氛围,控制直播的节奏引导用户互动,进而促进用户下单。那么主播如何提高自己的现场控场能力呢?

(1) 明确目标。开播之前细化自己的目标、涨粉目标、爆款产品销售目标,确定目标之后才能有的放矢。另外,想尽一切办法让直播间的观众不要离开,可以预告即将秒杀的爆款,要想留住人,秒杀产品就一定要有吸引力,也可以预告即将要发放的福利。

(2) 营造直播间氛围。主播要擅长营造直播间的氛围,知道在什么情况下要活跃气氛,调动用户的积极性,如主动引导用户刷屏、点赞,当转粉率较低时,积极引导用户关注自己。营造直播间的氛围可以使用户沉浸其中,提升用户的直播观看体验,延长用户的停留时长,从而带动直播带货的节奏,诱发用户的从众心理,促成其下单。

(3) 商品的安排与讲解。直播前要做好商品排序,根据现场营销效果随时调整商品顺序或循环上架商品,单品上架时间一般为10分钟,效果不好可以立即切换商品,效果好可以适当延长上架时间。

(4) 打消用户的顾虑。主播可以通过延伸话题来营造商品的应用场景,提供解决方案,强调价格优势,打消用户在价格上的疑虑;或用权威背书,打消用户对商品质量的顾虑,提升用户对品牌的认可度。

（5）与助理密切配合。主播在讲解商品时,要与助理密切配合,共同吸引用户的注意力,"种草"商品,引导用户下单,同时及时解决弹幕中用户提出的各种问题。另外,助理要做好辅助工作,控制直播节奏,及时处理"黑粉"。

（6）与用户互动。多提问,提问可以激发用户的交流欲望,增强直播间的互动气氛,同时也让主播进一步地了解用户对商品的需求,例如,"你想不想要？喜不喜欢？"

进行商品比价,例如,与淘宝店铺、实体店及其他主播推荐的同款商品做对比,突显自己的价格优势。

推出粉丝专享特价款,只有主播的粉丝才有机会购买专享特价款商品,这在一定程度上为用户关注主播提供了心理动力。

实时改价,将商品原价挂出或不设置价格,或设定一个比较夸张的价格,与粉丝就价格进行互动,等商品上架时临时改价。

限时限量秒杀,营造稀缺感,"只有今天有,过了今天就不会再有",激发用户的紧迫感,促使其尽快下单。

记住穿插、拉扯、撩拨这三个关键词。不会控场的主播做一个秒杀活动,可能介绍商品5分钟,然后倒数10个数就结束了,有经验的主播做一个爆款秒杀活动,可以讲半个小时并且不让观众走掉,这半个小时可以达到蓄水的效果,最后开始秒杀很自然就爆单了。

（7）切忌不要过于自嗨。就是不要一直讲自己感兴趣的内容,而不注意看观众的反馈。观众的反馈主要是两个方面：一个是互动情况,这个要注意观察；另一个是在线人数的波动情况。如果在线人数突然掉得厉害,一定要及时反思并调整。

（8）库存要逐步加大。根据自己直播间的购买力,预判能快速抢完的库存量,后台加库存的时候保证有1～3波上架就被秒杀的情况,利用饥饿营销的原理提升转化率。这里面还有一个小技巧,主播口中说的库存可以比实际加的库存量大一点,这样更能营造抢购氛围。

4. 活动流程执行力

直播营销活动流程包括直播前的策划与筹备、直播中的执行与把控、直播后的传播与发酵三大模块。执行能力是指主播能够理解上级的意图以及直播流程中对过程的执行,并通过行动将其顺利地付诸实践,如图4-10所示。

图4-10 直播活动的执行环节

能力分级行为描述如下。

（1）清楚工作职责,能够在上级领导指导下按照规定程序、标准完成本职工作。

（2）清楚工作职责,能够完成上级领导交办的直播任务,发现执行过程中出现的问题及时汇报。

(3) 清楚工作职责,能够及时、顺利地完成领导交办的直播任务,并且能够根据工作的实际情况调整工作方法、思路、进度,解决工作中出现的各种问题。

5. 个人IP(人设)穿透力

现在是一个人人都离不开IP的时代,从动漫、影视、游戏、图书到体育、明星,甚至网红、主题公园和玩偶,IP成了无孔不入的存在,资本追逐、人们"爱戴"、品牌商趋之若鹜,可谓是"热得发紫"!

那IP究竟是什么呢?

IP是知识产权的缩写,从知识产权的部分延展到作品,延展到文化商品,例如哈利波特、功夫熊猫等,它能够变成商业系统的模式。品牌最早是印章、记号的意思,后来就发展成标识,最直接的部分是它的识别符号。IP是品牌的下一代,它有四个关键:人格化、有群体喜欢、有流量、能变现。传统的IP要不断地更新,跟着时代赋予新的生命力。

在泛娱乐时代的今天,特别是已经进入了直播行业的成熟期,主播们都在刷存在感,都想获取粉丝流量,取得粉丝信任,从而快速变现,提高自身价值,当主播们具备了一定号召力和影响力,就是一个IP的形成。对于主播来说,成长之路,就是主播IP的形成之路!主播IP有多大高度,带货能力就能做到什么高度!

(1) 打造个人IP第一步:找定位。一词定心智。这个词是有助于鉴定自己、深挖自己,并且让自己能够持续地发光,这个词还要让消费者非常清楚地形容你、记住你,要和观众之间有联结。例如,"美妆达人""打假卫士"。

IP定位的五大维度及说明内容如下。

你是谁?确定形象,使形象统一,增加识别性。直播间的名字要与主题呼应,信息明确。

你面对谁?用户群体的年龄、地域、性格、偏好、收入状况、消费能力。

你有什么特别的?自身人物的特别之处,提供内容的特别之处。

你能解决什么问题?解决用户痛点,提供品质好货。

你能够提供什么?突出自己的核心竞争力,如推荐的商品物优价廉。

(2) 打造个人IP第二步:贴标签。定位是自己的,标签是别人给贴上的。贴标签可以根据自己的主动、努力、表达,让别人有记忆点,让别人感知到你的风格、风采、特色。目前用户贴标签的主要类别有专业上的标签、地位上的标签、社会化的标签等。

(3) 打造个人IP第三步:练内功。任何人都不会一夜成名,都是刻意练习的积累。练内功的方法可以总结成四个字,即型、色、气、质。

① 型,造型。既可以是头发、衣服,也可以是一个独特的饰品、动作等,符合自己的人设定位,给用户标志的记忆。

② 色,颜值,表情。传达出可以撩拨情绪的美感。训练方式可以在平时咬筷子训练,打开肌肉,让自己拥有丰富的表情。

③ 气,说话。听话听音,说话说气,怎样将话讲得让自己舒服,让别人也舒服呢?一方面可以试着说长句,这样会显得有文化;另一方面,可以多练习绕口令,每天讲一个故事,借此练习自己的发音和语气。

④ 质,内容。包括文案、引流视频等,需要持续输出,拥有持续的传达力和生命力。

(4) 打造个人IP第四步:找平台。选择适合自己发展的平台,去变现。平台和主播之间是互相成就的。找平台最重要的就是要了解各平台的规则。目前用户比较多的直播四大平台有淘宝、抖音、快手、B站,如图4-11所示。

(a)   (b)   (c)   (d)

图 4-11　直播四大平台

加拿大作家马尔科姆·格拉德威尔(Malcolm Gladwell)在其作品《异类》中提出了"一万小时定律",即要成为某个领域的专家,需要 10 000 小时,按比例计算就是如果每天工作 8 小时,一周工作 5 天,那么成为一个领域的专家至少需要 5 年。

"一万小时定律"同样适用于主播行业。所有直播平台上的主播,想要取得成功并具备强大的影响力,都必须长期地去付出努力,打造自己,不断积累粉丝与人气。

二、高效能直播团队

(一)团队相互关系

任何一场成功的直播都是有规律可循的,团队成员之间的相互熟悉、相互协作、相互补位是一个团队走向成熟的基础,也是一个团队专业化的必经之路。

(二)高效能团队的特征

高效能团队,就是通过团队成员的成长和团队能力的持续提高,不断实现直播成功,高效能团队的六个特征如图4-12所示。

1. 团队要有清晰的目标

(1)建立高效能团队的首要任务就是确定目标,目标是团队存在的理由,也是团队运作的核心动力。

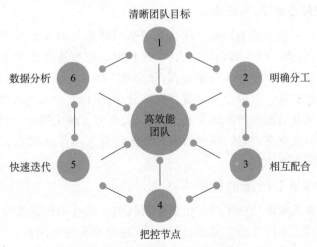

图 4-12　高效能团队的六大特征

(2) 激动人心的团队目标是发展团队合作的一面旗帜,团队目标的实现关系到全体成员的利益,自然也就鼓舞大家的斗志,协调大家行动的一致性。

(3) 设定成功的团队目标必须是重要的、具有挑战性的、目标明确的。

(4) 设定团队目标一般包括四个步骤:进行团队内外部环境分析,制定团队的目标清单,根据目标清单确定方案并具体化,团队目标实施并跟踪。

① 团队内外部环境分析。需要分析的外部环境包括直播平台的最新数据、规则及玩法,同类型头部主播的直播活动,商品、粉丝群体的变化等;需要分析的内部环境包括团队已完成的主播数据、团队成员的工作状态、直播设备等。

② 制定团队的目标清单。

③ 根据目标清单确定方案并具体化。直播目标清单如表 4-6 所示。

表 4-6 直播目标清单

目标	内容	具体完成的方法
涨粉	全年累计涨粉××万	维护老粉、信息广告投放、直播间引流
带货数据增长	同比增长××%	日直播带货、平台活动带货、节假日大促带货力度加大、每个季度寻找××家大品牌商合作、主播带货能力提升
每天直播	直播间每天直播×小时	主播增加×名、新人主播的帮带计划、每个主播直播的时长是×小时、每个工作岗位的人员工作安排规划

④ 对目标清单进行分解并跟踪,根据实际情况及时进行调整。

2. 团队要明确各自分工与目标的关系

每个团队的工作都是与团队的发展目标和能力要求相一致的,团队的发展是团队运转的指向。在这样的指向下,团队根据自己的目标和任务进行分工。

团队分工考虑两个因素:①根据岗位的职责分工;②根据团队成员个人特点的角色分工。一个团队不是一群只有岗位分工的人,而是由一群有着各自角色,且被其他人所理解的群体。团队成员寻求一个能够最高效、最自然地发挥作用的角色。

3. 团队要相互配合协作,落地协作

高效的团队工作有赖于默契协作。团队成员必须熟悉其他人所扮演的角色,了解如何相互弥补不足,发挥优势。以主播和助理为例,现在大多数直播间都有主播和助理,主播很难在展示和介绍商品之外去很好地兼顾运营,如果说主播是直播的灵魂,那么助理就是直播的核心。助理对主播的每一次配合都需要掌握好分寸,配合太少无法起到辅助直播的作用,配合得过于频繁可能会引起用户的厌烦和不信任,助理要了解主播的个性特征和直播节奏,这样才能提升配合的默契度,当然,这种恰到好处的配合并不是立刻就会形成的,而是需要团队长时间的磨合逐渐形成的。

4. 团队要把控关键节点,及时复盘

复盘是一种非常重要的团队学习与组织学习机制。通过集体深度会谈,团队成员不仅可以相互了解彼此的工作以及相互关系,而且可以超出个人的局限性,让人们看到整体,并激发出新的观点。

5. 团队要有快速迭代意识

近年来,直播带货红得发紫。镜头前的带货主播看似光鲜,但流量、议价能力向头部主播倾斜的马太效应明显,加之行业竞争激烈,持续发展挑战重重,伴随这些变化,我们的团队要有快速的迭代意识。

6. 团队要具备数据分析意识

数据分析是直播运营中非常关键的一个环节,通过数据分析,回顾并不断优化直播的整个过程,总结出直播的各种不足,然后在下一场直播中改进,以获得更好的直播效果。

 自我练习

一、单项选择题

1. 直播团队的类型包括主播直播团队、(　　)和商家直播团队。
   A. 主播店铺团队　　　B. 商家店铺团队　　　C. 商家主播团队
2. 打造主播个人IP的四个步骤包含找定位、(　　)、练内功、找平台。
   A. 立人设　　　B. 贴标签　　　C. 起名字　　　D. 练表达
3. 洞察粉丝需求的三点方法论是找用户的(　　)、爽点、痒点。
   A. 要点　　　B. 痛点　　　C. 难点
4. 直播团队的运营组内,包含了流量运营、商品运营、粉丝运营和(　　)。
   A. 活动运营　　　B. 平台运营　　　C. 主播运营
5. IP是品牌的下一代,它有四个关键,分别是人格化,有群体喜欢,有流量和(　　)。
   A. 有故事　　　B. 有知名度　　　C. 能变现
6. 设定团队直播目标一般包括四个步骤,分别是团队内外部环境分析,制定团队的目标清单,(　　)和根据目标清单确定方案并具体化。
   A. 团队目标制定讨论
   B. 对目标清单进行分解并跟踪,根据实际情况及时进行调整
   C. 对目标完成进行奖惩
7. (　　)对主播的每一次配合都需要掌握好分寸,配合太少无法起到辅助直播的作用,配合得过于频繁可能会引起用户的厌烦和不信任,要了解主播的个性特征和直播节奏。
   A. 运营　　　B. 客服　　　C. 助理
8. 直播营销活动流程包括(　　)、直播中的执行与把控、直播后的传播与发酵三大模块。
   A. 直播前引流　　　B. 直播前预热　　　C. 直播前的策划与筹备
9. 主播需要(　　),以粉丝为出发点,深谙粉丝心理,激发粉丝的情绪共鸣,来与粉丝建立强关系。
   A. 宠粉　　　B. 洞察粉丝的需求　　　C. 仔细观察用户
10. 以主播知名度和影响力以及收入划分,可以将主播划分为(　　)、尾部主播、腰部主播和肩部主播。
    A. 头部主播　　　B. 明星主播　　　C. 达人主播

二、多项选择题

1. 主播的核心技能包括(　　)。
   A. 语言组织表达力　　　　　　　　B. 粉丝需求洞察力
   C. 现场节奏掌控力　　　　　　　　D. 活动流程执行力
   E. 个人 IP(人设)穿透力

2. 高效能团队的特征有(　　)。
   A. 清晰的团队目标　　　　　　　　B. 明确各自分工与目标的关系
   C. 相互配合,协作落地执行　　　　　D. 把控关键节点,及时复盘
   E. 快速迭代　　　　　　　　　　　F. 具备数据分析意识

3. 选品组的主要工作职责包含(　　)。
   A. 考评商品的品牌声誉,了解品牌私域流量的粉丝画像,根据粉丝画像数据,挑选商品
   B. 结合主播的定位和优势进行选品
   C. 负责查看商品的成分,保证商品的质量安全
   D. 根据时间节点、季节变化、节日热点进行针对性选品
   E. 负责对商品进行提前自用测试

4. 打造 IP 四步法中的练内功,可以从以下(　　)方面着手。
   A. 型,造型。可以是头发、衣服,也可以是一个独特的饰品、动作等,符合自己的人设定位,给顾客标志的记忆
   B. 色,颜值,表情。传达出可以撩拨情绪的美感
   C. 气,说话。听话听音,说话说气
   D. 质,内容。包括文案,引流视频等

5. 直播团队可以分为四个组别,分别是(　　)。
   A. 直播策划组　　B. 选品组　　C. 运营组　　D. 直播组

三、判断题

1. 承接力主要是指主播的卖货能力,直播人气高并不代表主播的卖货能力强,想要在直播中促成交易,需要主播在直播内容、话术、粉丝互动等方面做好充分准备。(　　)

2. 直播营销的对象是消费群体,是形形色色不同类型的人,主播要设身处地地站在用户、粉丝的立场上思考问题,深入了解目标用户群体的现状与内心感受,挖掘出其真正的需求,找到他们的"痛点",挠到他们的"痒点",触达他们的"爽点"。(　　)

3. 直播结束任务就完成了,只要准备下一场直播就行了。(　　)

4. 直播中,主播想说什么就说什么,只要直播间热闹就行了。(　　)

5. 数据分析是直播运营中非常关键的一个环节,通过数据分析回顾并不断优化直播的整个过程,总结出直播的各种不足,然后在下一场直播中改进,以获得更好的直播效果。(　　)

项目五

直 播

直播前准备工作

任务一 直播前准备

课内学时	8	课外学时	2
知识目标	1. 了解直播前准备的各项活动内容 2. 了解直播定位的相关知识		
技能目标	1. 能够对直播运营进行较专业的准备 2. 能够对直播进行清晰的定位 3. 能够完成直播中的产品规划及流程设计		
素养目标	1. 认同直播前准备工作的重要性 2. 通过了解直播营销活动,确立正确的经营思想和经营理念 3. 培养团队合作意识		
项目任务描述	1. 确定直播主题、直播时间、直播目标 2. 完成直播中的产品规划任务 3. 设计直播的流程		
学习方法	1. 听教师讲解相关知识 2. 动手实践		
所涉及的 专业知识	1. 直播运营中的直播定位 2. 直播产品规划 3. 直播流程设计		
本任务与其他 任务的关系	本任务是本项目的第一个任务,为完成下一个任务做好铺垫		
学习材料与工具	材料:①项目任务书后所附的基本知识;②在线视频资料 工具:项目任务书、任务指导书、手机、计算机、笔		
学习组织方式	部分步骤以团队为单位组织,部分步骤以个人为单位组织		

任务指导书

完成任务的基本路径如下。

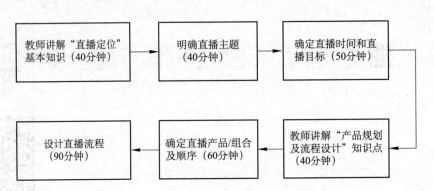

第一步,确定直播主题。

听教师讲解直播主题基本知识,填写表 5-1 中的"描述"与"典型案例"列,并通过团队成员共同商榷后确定直播主题,将理由填入"选择依据"列。

表 5-1　直播主题知识测试

直播主题	描述	典型案例	选择依据

第二步,确定直播时间和直播目标。

(1)针对直播各阶段的任务,安排对应的时间、内容与负责人,填写直播时间安排表 5-2。并在课下完成筹备阶段的宣传任务。

表 5-2　直播时间安排

阶段	时间	内容	负责人
筹备阶段			
直播阶段			
后期阶段			

(2) 确定直播目标。

听教师讲解直播目标基本知识,学会用 SMART 原则来明确直播营销要实现的目标,填写直播目标汇总表 5-3。

表 5-3 直播目标汇总

原　则	分点描述	直播目标描述
具体性(specific)		
可衡量性(measurable)		
可实现性(attainable)		
相关性(relevant)		
时限性(time-bound)		

第三步,确定直播产品/组合及顺序。

根据教师推荐的几款产品,对产品进行类型划分,对部分产品进行组合并规划产品的顺序,描述这样规划的理由,填写表 5-4。

表 5-4 产品规划

顺序	产品(组合)	产品类型	描述理由

第四步,制定直播流程。

结合所学内容与实际产品,制定直播流程,填写如表 5-5 所示的时间安排表。

表 5-5 直播基本流程时间安排

时间安排	直播内容

将上述流程中,直播执行环节的整场直播活动的脚本填写至表 5-6 中。

表 5-6 直播活动脚本

具 体 信 息	
直播时间	
直播地点	

续表

具 体 信 息	
直播主题	
直播目标	
主播、副播	
注意事项	

直 播 流 程				
时间段	流程安排	人员分工		
		主播	副播	后台/客服

项目任务评分标准及评分表

任务一 "直播前准备"评分标准及实际评分表(总分 15 分)

班级：_____ 学生姓名：_____ 学生学号：_____

考核标准	分值明细			
	1	6	4	4
任务产出	团队分工	直播前准备	直播产品规划	直播流程制定
评分标准	团队分工合理(1分)	直播主题明确(2分) 直播时间合理(2分) 直播目标准确(2分)	产品类型划分准确(2分) 产品组合合理(2分)	直播基本流程设置合理(2分) 直播脚本描述详细(2分)
实际得分				
总得分				

一、直播前准备工作

(一) 直播定位分析

定位是在策划或者推动项目中最重要的一环,决定着整个项目的方向及成果指标是什么。在策划一场直播活动时,也要在开始的时候找到直播的定位。

1. 商品变现

目前,电商直播较为流行的模式是导购模式。在导购模式中,主播能够因为商品成交而变现。一种是主播自己经营店铺,利用直播吸引人气,打造出年销售额上亿的网红店。另一种则是某些店铺需要主播推广,主播负责在直播时推广该店铺的商品,以此来吸引顾客,用户看直播时可直接挑选购买商品,最终直播平台、主播、店铺三方分成。以上两种情境,主播都能通过售卖商品获得收益,这种模式中主播最核心的目的是将商品出售,获取收益。

2. 粉丝引流

"互联网思维就是流量经济",如果只有产品,没有流量,是很难变现的,没有什么人知道你的产品,自然也不会有客户买单。粉丝经济时代,流量就是价值,有流量的地方就有商机,通过直播进行粉丝引流是一种非常有效的方式,直播引流具备以下几个优势。

(1) 引流成本低。做直播的成本是比较低的,刚开始做直播时,主播只需要下载软件、注册账号,即可开始直播。只要直播的内容精彩,就能吸引足够多的流量并且积累粉丝。

(2) 增加曝光率。直播平台成为火热的公众传播平台之一,对产品、主播来说,多一个渠道,就多一些曝光的机会。

(3) 粉丝黏度高。引流的目的在于聚集粉丝,主播如果能持续输出内容,粉丝就有很大的概率留下来,进而对主播形成信任、忠诚和情感依赖。

对直播新手来说,刚开始做直播的时候粉丝比较少,直播间没有用户观看,其实都是正常的现象,这时候就要找寻背后的原因。不要着急开播,要先做好直播预告,这是吸引粉丝尤为重要的一部分。主播可以利用自身资源在朋友圈、微博等社交网站进行直播分享,也可以让朋友帮忙转发,利用私域流量吸引粉丝。

3. IP 树立

互联网时代,人人都在刷存在感,都想获取粉丝流量。当一个人具备了海量粉丝、故事、情感、内容输出、价值体现、传播渠道等综合元素,在某一领域或某一群体中能够产生巨大的影响力和号召力时,就能逐渐形成个人 IP。

个人 IP(intellectual property) 又称"个人品牌"。在互联网的今天,个人品牌是"能力的放大器",鲜明独特的个人 IP 可以帮助主播脱颖而出。

IP 是可以通过持续性产生具有连贯性和内在关联性的个人原创内容。一个主播就可以成为一个领域的垂直 IP,而打造 IP 的过程就是通过持续产生个性化的原创内容并且可以通过多台进行内容分发,从而形成对特定粉丝群的直接影响力的过程。未来的消费模式就是一个 IP 圈着一群粉丝,粉丝都能在自己喜欢的 IP 主播达人那里买到他们推荐的产品。

如果直播主题为树立 IP,那直播团队需要着重考虑以下几方面内容。

(1) 树立 IP 是一个积累的过程,不能一蹴而就,要一以贯之,只有长久地坚持,才能在用户心中形成稳定、清晰的形象。因此直播团队需要深度分析主播的实际情况,根据主播的特长和优点筛选人设特质。选取一两个点来树立 IP,不要刻意追求"大而全"。

(2) 树立 IP 要依靠特定人物在特定场景中发生的事件来体现,也就是说创作者可以通过环境、人物关系、行动等因素来塑造和强化人设属性。

(3) 在打造人设时,创作者要充分考虑该账号面向的主要用户群体,通过调研做出用户画像,从用户的视角来审视人设的标签,去掉一些用户群体偏好较少甚至排斥的标签,从而增强人设对用户群体的吸引力。

(二)确定直播主题

在直播之前,要明确此次直播的主题和目的,这场直播是新品上市,还是回馈粉丝,是分享直播还是带货直播,粉丝能从你的这场直播中看到什么、获得什么。

在策划直播时,尤其需要关注市场的发展和变化趋势,抓住时事热点。热点的特点是关注度高,吸引注意力足够多,如果率先借势这个热点,在信息差的影响下,能比别的直播先吸引更多的流量。如果没有合适的热点,也要跟上整体的市场风向,主动快速出击。例如,助农直播就是一个很好的长期热点,助农直播不仅能在情感上引起观众的共鸣,往往源头直播也能在带货上产生很好的转化效果。

1. 卖货型直播

卖货型直播的特点是产品多,货源充足,主播和观众互动的目的格外明确,只要简单地问候,拉进和粉丝的距离,正常卖货即可实现。

2. 产品引入型直播

产品引入型直播偏场景化,可以在不同的阶段来介绍配套的产品,往往这一类直播的粉丝黏性较强,用户群体比较忠实,不会太在意价格。

3. 教学型直播

教学型直播一般是某种产品在使用的过程中需要一定技巧,可以通过产品的教学来展开卖货,用教学的方式引导粉丝认知产品,从而实现转化。

4. 产品源头型直播

产品源头型直播往往和产地合作,直接在产地展开直播,产品类别也是产地特有的产品。优势是能撬动本地流量或者关联流量。

(三)确定直播时间

通常来说,一场完整的直播分成直播前的筹备阶段、开播时的直播执行阶段和完播的后期阶段。各个阶段还有更加明确的时间节点,包括直播前期筹备的时间点、宣传预热的时间点、直播开始的时间点、直播结束的时间点等。

1. 筹备阶段

一场成功的直播,需要提前做很多的筹备工作。比如,预热宣传、布置直播间环境、检查网络稳定性、调试直播软件等。

(1) 宣传工作。在筹备阶段,要选择合适的宣传平台、合适的宣传形式、合适的时间节点,对直播进行预告和宣传(见图5-1),当天20:00直播,17:00在微信公众号上用长图文形式进行宣传。

(2) 硬件检查。将直播中使用的摄像设备(手机、摄像头)、灯光设备、声卡设备进行调试,防止设备发生故障。准备好直播辅助设备,包括产品实物、产品照片、宣传物料、产品演示道具等。

(3) 软件更新。在直播平台上建立直播当天和次日的直播预告,预告在每天16:00前建立,会给直播间增加点权重。提前设置直播中涉及的商品(见图5-2)、直播优惠活动(见图5-3,满立减、优惠券等)。

图5-1 微信公众号上用长图文形式宣传

另外,在直播前半小时,提前登录直播间后台软件,包括中控台和淘宝直播PC端,防止发生意外时有再次准备的时间,如软件崩溃需要重新安装、网络有问题等。开播前需要测试网络,进行网速测试,一般来说,上行速度需要大于5Mbit/s。

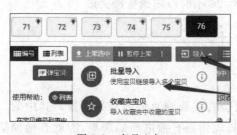

图5-2 商品上架　　　　　图5-3 撰写优惠信息

2. 直播执行阶段

直播营销活动的执行可以进一步拆解为直播开场、直播过程和直播收尾三个环节,各个环节的时间安排也需要提前筹备。

3. 直播后期阶段

主播下播后,并不意味着一场直播完全结束,直播后期还有直播间整理、产品整理、数据分析等工作,后期阶段的任务也颇为繁重。如何高效完成这些任务,需要提前规划,并制定好时间表。

(四)确定直播目标

直播是一种营销手段,其根本目的是带来实际的效益,因此在直播时要围绕直播目标展开。直播团队可以参考SMART原则制定直播目标,尽量让目标科学化、明确化、规范化。SMART原则也被称为目标管理,它不但是一个能使工作由被动变主动的好工具,还是一个能使自己更加高效工作的好伙伴。

S(specific,具体的)。所谓明确具体就是要用具体的语言清楚地说明要达成的行为标准。切忌目标定得模棱两可、不清晰或根本没有目标。例如"目标是出色地完成此次直播",何为"出色"?"出色"的标准是什么?这样的目标就不够具体,而"借助此次直播提高品牌官微的粉丝数量"就是一个具体的目标。

M(measurable,可衡量的)。可衡量性是指直播目标应该是数量化的或行为化的,应该有一组明确的数据作为衡量目标是否达到的标准。例如,"利用此次直播提高店铺的日销售额"就不是一个可衡量的目标,而"利用此次直播让店铺的日销售额达到40万元"则是一个可衡量的目标。

A(attainable,可实现的)。可实现性是指目标要客观,是通过付出努力能完成的,不可以为了追求目标噱头而制定不切实际的目标。例如,给一个新主播制定一场直播收获5万粉丝的目标,显然这个目标极难实现。

R(relevant,相关的)。相关性是指直播的目标要与企业/品牌商设定的其他营销目标相关。例如,很多企业/品牌商会在电商平台运营网店,企业/品牌商将某次直播的目标设定为"网店24小时内的访问量提高80%",这个目标是符合相关性要求的。而如果企业/品牌商将目标设定为"将商品的生产合格率由90%提高至95%",则这个目标是不符合相关性要求的,因为直播活动无法帮助商品的生产方提升合格率。

T(time-bound,有时限的)。时限性是指目标的达成要有时间限制,这样的目标才有督促作用,避免目标的实现被拖延。例如,若仅是描述"借助直播让产品销售额突破10万元",这个目标就缺乏时限性,可以描述为"直播结束后24小时以内销售额突破10万元"。

二、直播中的产品规划及流程设计

(一)产品规划

电商直播的三要素为人、货、场,这三个要素会直接影响直播的商品销量。其中的"货"指的是直播中推荐或销售的商品。产品的选择和规划是直播电商的起点,因此直播团队要对产品进行合理规划。

1. 产品规划依据

(1)与主题相匹配。按照直播的主题来选品,这样能保证整场直播产品都围绕同一个主题。直播团队针对已确定的主题,相对应地选择适合的产品,并且在款式、套餐上做好配置,使直播的商品与直播的用户相互匹配。例如,本期直播的主题是"运动/户外",那么直播的商品就可以选择"运动服饰""户外装备"等,对"运动/户外"感兴趣的用户才会进入直播间,而这群用户同样也是这类商品的最佳适用群体。

(2) 与人设相匹配。产品与主播之间要有一定的相互匹配,什么样的主播适合卖什么样的产品是很重要的,也是直播带货的基本规则,总结起来就是根据自己的人设去挑选货品,主播推荐的产品要与主播的人设标签相匹配。例如,林依轮除歌手、演员的身份外,熟悉他的人还知道他的"厨师"身份,因此他在推荐美食产品时具有可信度。总的来说,主播选品时,需要根据自身最突出的特质进行选择,粉丝的接受度和信服度也会相应高一些。

(3) 与受众相匹配。直播带货很关键的一点就是将合适的产品卖给合适的人。对于直播选品,需要从粉丝需求出发,判断商品质量、定价、品牌调性与粉丝是否匹配,产品要与粉丝的特质相匹配。粉丝群体的性别、年龄段、地域、职业、爱好等因素会直接影响他们对产品品类的偏好,因此掌握粉丝群体的特质,进而确立选品的标准和范围也是无法忽视的重要环节。不同的用户群体需要的产品类型也不同。例如粉丝群体以女性为主,可以多推荐美妆、美食、服饰等产品。如果定位是护肤品美妆直播,在销售产品的同时,可以教大家一些美肤化妆的技巧,这样用户既能够学习到内容,也更加信任你,愿意购买你推荐的产品。

2. 产品类型

直播间的产品可以包括引流款、福利款、利润款、基础款四种类型,这四种不同类型的产品在直播间里分别担任不同的角色,发挥不同的作用。

(1) 引流款。引流款是指为了给直播间带来流量的产品。流量对直播电商的重要性不言而喻,因此在直播时都应该设置引流款商品。直播时可以拿几件产品用于秒杀,这些产品一般指"一元包邮""9.9元包邮"的低价产品,利用引流款产品引导观众关注直播间,给直播带来流量。引流款产品虽然利润不高,却可以为直播间带来大量粉丝,带动其他产品的销量。

(2) 福利款。福利款也称"宠粉款",一般是粉丝专属,直播间的用户需要加入粉丝团后,才有机会抢购粉丝专属福利款。这类产品相对低价又超值,可以做成"福袋"的形式,或者作为某种商品的附件来赠送,再增加限量属性。例如,"只有1 000份"或"前2 000名下单加送"等。制造稀缺感和紧迫感,能够让消费者为了赢得赠品火速下单。

(3) 利润款。电商直播运营离不开效益,利润款就是主要的盈利产品。利润款一般是为了锁定特定客户。根据"二八原则",店铺80%的利润是由20%的产品带来的,而利润款就是这个20%。这类产品应选择有设计感,更为精致和细分,适用于目标群体中某一群特定的小众群体。

(4) 基础款。基础款可以作为主推款的陪衬,起到铺垫作用,也可以放在引流款和福利款之间,作为调整和过渡。基础款产品是让观众觉得高性价比的产品,以此可以带动直播观众的购买节奏。

3. 直播产品组合及顺序设定

在选品时,整个运营团队需要思考同一期直播中哪些产品可以组合售卖。以某美妆主播为例,"双十一"大促时,他几乎每一款产品都带超值赠品,例如某护肤品的售价为1 860元,但附赠一堆该品牌的其他明星护肤品,总价值高达4 000多元,产品组合让许多人欲罢不能,于是开拍不到 5 秒,就全部售空。这种产品组合是主卖单品+赠品的组合方式。另一种常见的产品组合方式为多产品搭配,例如引流款+利润款的产品组合,借助引流商品吸引流量,刺激用户加入直播进行购物。对于没有抢到引流款的用户,直播团队可以尝试推出引流款+利润款的组合,达到营销效果。

另外,与传统电商不同,直播带货并不是简单地把橱窗里的产品全部上架罗列到直播间依次介绍就行了,不同的产品排列顺序,对观众留存、下单转化均会产生不同的影响度。观众从进入直播间,到离开可能就几秒,一旦没有吸引他的商品,几乎可以断定流失了这个客户流量。

一般在开播之初,主播先热场互动,把当天的福利活动、秒杀产品介绍一下。例如整点秒杀、整点抽免单、买赠等,然后就是在直播开场发放宠粉福利,包括最常见的宠粉引流产品组合。有些宠粉款看似是宠粉实为引流,而且宠粉款的商品,除了留住直播间进来的人,也可以给后面利润款的商品带来成交。接下来进入的是利润款,也就是当场直播的主打商品。值得一提的是,利润款最好与宠粉款相关,以便主播将宠粉款顺利过渡到利润款。宠粉+利润、宠粉+利润……如此循环。此外,介绍一款产品的时候,介绍时长最好不要超过 10 分钟。

以一场 150 分钟的直播为例,产品的合理排序见表 5-7。

表 5-7 直播产品排序

时间安排	产品顺序
16:00—16:10	热场互动,活动宣贯,粉丝引导
16:10—16:30	第一组宠粉 1~2 款(宠粉+利润)
16:30—17:00	第一组主打 2~3 款
17:00—17:10	整点/半点重磅福利放送
17:10—17:30	第二组宠粉 1~2 款
17:30—18:00	第二组主打 2~3 款
18:00—18:30	第一组+第二组快速过款

(二) 流程设计

1. 直播流程设计依据

以一场 120 分钟的直播为例,其标准化流程是可以将 120 分钟分解为 4 个 30 分钟的直播单元,在每个直播单元中介绍 2~3 款产品。每款产品持续时长为 10 分钟,这 10 分钟的介绍规划见表 5-8。

表 5-8 直播产品介绍规划

时间	直播内容	举例
1 分钟	卖点引出	询问直播间的观众是否有穿着搭配、皮肤敏感等与产品相关的问题
2 分钟	介绍产品	试穿衣服,试吃食品,试用护肤品等

续表

时间	直播内容	举例
2分钟	用户评价	展示淘宝评论区、小红书笔记或者其他社交媒体上的好评反馈
5分钟	促单销售	介绍产品的优惠促销信息,促进成交的达成

2. 直播基本流程任务

直播当中每一个环节都是要提前精心准备的。为了让直播有条不紊,直播运营团队可以通过撰写直播脚本策划来规划直播流程。直播脚本就是直播的剧本,它以一篇稿件为基础,形成直播的工作框架,规范并引导直播有序地推进,让团队成员清楚地知道在某个时间该做什么,保证直播有序且高效地进行,达到预期的目标。同时,在遵循直播脚本进行直播的基础上,能有效避免不必要的直播意外,包括场控意外、长时间的尬场等。一份详细的直播脚本甚至在主播话术上都有技术性的提示,能够保证主播言语上的吸引力以及对直播间粉丝互动的把控能力。

直播的基本流程大致分为直播前准备、直播中执行和直播后复盘。

在直播前准备阶段,直播团队需做好充足的直播规划,充分考虑人、货、场三方面要素。以淘宝直播为例,直播运营团队可以参考表5-9来设计直播前准备工作策划脚本。

表5-9 直播前准备工作策划脚本

时间	工作内容	具体说明
直播前 7~15 天	选品	选择要上直播的商品,并提交直播商品链接、直播商品的折扣价
	确定直播团队	明确参与直播人员的职责与分工。如主播张三负责讲解商品、解释活动规则;助理李四负责引导关注、回复问题;运营王五负责上架商品、修改商品价格和库存
	确定直播方式	确定直播设备、直播地点及场景
	确定直播定位	商品变现/粉丝引流/树立 IP
	确定直播主题	卖货型、产品引入型、教学型、产品源头型
	确定直播时间	直播前筹备、直播执行、直播后复盘的时间
	确定直播目标	SMART 原则确定直播目标
直播前 5~7 天	确定直播间活动	确定直播间的互动活动类型和实施方案
直播前 3 天	准备创建直播间所需的相关材料	① 准备直播间封面图。封面图要符合淘宝直播的相关要求 ② 准备直播标题。标题不要过长,要具有吸引力 ③ 准备直播内容简介。用 1~2 段文字简要概括本场直播的主要内容,要重点突出直播中的利益点,如抽奖、直播专享优惠等 ④ 准备直播间商品链接。直播时要不断地在直播间发布商品链接,以让用户点击链接购买商品,所以要在直播开始前准备好直播商品链接
直播前 1~3 天	直播宣传预热	采取多种方式,通过微淘、微博、微信等渠道对直播进行充分的宣传

为使直播中执行阶段顺利进行,直播团队需要提前对整场直播活动进行规划。简单来说,就是在几个小时的直播中,先做什么后做什么,每个活动持续多长时间,都需要提前规划好。对直播电商来说,直播脚本一般分为整场直播脚本和单品直播脚本。

（1）整场直播脚本。整场直播脚本是对整场直播活动的内容与流程的安排,着重规划直播活动中的直播节奏。整场直播脚本应该包括以下几个要点。

① 明确直播主题和直播目标。直播团队需要明确本场直播的目的是什么？是回馈粉丝、新品上市还是大型促销活动？其目的也是让粉丝明白,自己在这场直播里面能看到什么、获得什么,提前勾起粉丝兴趣。从用户需求出发,明确直播的主题,避免直播内容没有营养。明确开直播要实现何种目标,是积累用户,提升用户进店率,还是宣传新品等。

② 把控直播节奏、梳理直播流程。一份合格的直播脚本是具体到每分钟的。例如,20:00开播,前10分钟的规划是进行直播间预热；接下来介绍产品,每个产品介绍多长时间,都需要提前规划好,并按照计划来执行。例如,每个整点送福利,点赞数达到一定数额提醒粉丝截图抢红包等,所有在直播里面的内容,都是需要在直播脚本中全部细化出来的。直播的流程细节要非常具体,详细说明开场预热、商品讲解、优惠信息、用户互动等环节的具体内容、如何操作等问题。

③ 调度直播分工。对主播、助播、运营人员的动作、行为、话术做出指导。包括直播参与人员的分工,例如主播负责引导观众、介绍产品、解释活动规则；助理负责现场互动、回复问题、发送优惠信息等；后台客服负责修改产品价格、与粉丝沟通、转化订单等。

④ 控制直播预算。单场直播成本控制,中小卖家大多预算有限,因此脚本中可以提前设计好优惠券面额、红包金额、秒杀活动、赠品支出等,从而提前控制直播预算。

直播脚本

整场直播脚本一定要充分考虑到细节,让直播团队每一个成员都有条不紊地执行各自任务,表5-10是一份整场直播活动脚本示例。

表5-10　整场直播活动脚本

	具 体 信 息
直播时间	2023年3月8日,20:00—22:30
直播地点	一号传媒直播室
直播主题	品牌特卖汇　春季美衣如约而至
直播目标	吸粉目标:吸引10万观众观看 销售目标:从直播开始至直播结束,直播中推荐的三款新品销量突破10万件
主播、副播	主播:小红、品牌主理人、时尚博主；副播:小白
注意事项	① 丰富直播间互动玩法,提高粉丝活跃度,增强粉丝黏性 ② 直播讲解占比:60%产品介绍+30%回复问题+10%互动,把控讲解节奏 ③ 注意对用户提问的回复,多与用户进行互动,避免直播冷场

续表

直播流程				
时间段	流程安排	人员分工		
		主播	副播	后台/客服
20:00—20:10	开场预热	暖场互动,介绍开场截屏抽奖规则,引导用户关注直播间	演示参与截屏抽奖的方法 回复用户的问题	向粉丝群推送开播通知 收集中奖信息
20:10—20:20	活动剧透	剧透今日新款商品、主推款商品,以及直播间优惠力度	补充主播遗漏的内容	向粉丝群推送本场直播活动
20:20—20:30	讲解商品	分享春季服饰搭配,并讲解、试穿第一款商品	配合主播演示服饰效果,引导用户下单	在直播间添加商品链接 回复用户关于订单的提问
20:30—20:35	互动	为用户答疑解惑,与用户进行互动	引导用户参与互动	收集互动信息
20:35—20:45	讲解商品	分享春季穿衣的常识和技巧,并讲解、试用第二款商品	配合主播演示服饰效果,引导用户下单	在直播间添加商品链接 回复用户关于订单的提问
20:45—20:55	福利赠送	向用户介绍抽奖规则,引导用户参与抽奖、下单	演示参与抽奖的方法	收集抽奖信息
20:55—21:05	讲解商品	讲解、试穿第三款产品	配合主播演示服饰效果,引导用户下单	在直播间添加商品链接 回复用户关于订单的提问
21:05—21:10	商品返场	对三款产品进行返场讲解	配合主播讲解产品 回复用户的问题	回复用户关于订单的提问
21:10—22:20	直播预告	预告下一场直播的时间、福利、直播产品等	引导用户关注直播间	回复用户关于订单的提问

(2)单品直播脚本。单品脚本顾名思义就是针对单个产品的脚本。在一场直播中,主播会向用户推荐多款产品,主播将以单个产品为单位,规范产品解说,突出产品卖点。为了帮助主播明确产品卖点,熟知产品卖点与福利,直播团队应提前为直播中的每款产品定制一份简单的单品直播脚本,以表格的形式,将品牌介绍、产品卖点、利益点、促销活动、直播时的注意事项等内容呈现在表格中,这样既便于主播全方位地了解直播商品,也能有效地避免在人员对接过程中产生疑惑或造成信息不清楚,表5-11是一份单品直播脚本示例。

表5-11 单品直播脚本

产品名称	××品牌2023春季新款大力水手oversized印花卫衣
品牌介绍	××品牌是独立设计师文艺潮牌,是××公司旗下文艺女装品牌,主营棉麻制品,提倡原生态的自然简约穿衣主张,以独特的设计风格和视觉形象享誉淘宝女装行业,是中国成长最快、最具代表性的网络服饰零售品牌之一

续表

商品卖点	① 大力水手 IP 联名款 ② 袖口处独特设计,富有春天气息 ③ 宽松版,遮肉显瘦
价格	日常价 239,直播价 89
利益点	在直播间内购买此款卫衣享受"女王节"同价,下单备注"主播名称"赠送丝巾
注意事项	① 在直播进行时,直播间页面显示"关注店铺"卡片 ② 引导用户分享直播间、点赞等 ③ 引导用户加入粉丝群

自我练习

一、单项选择题

1. 下列不属于整场直播活动脚本要点的是(　　)。
 A. 直播主题　　　B. 注意事项　　　C. 人员安排　　　D. 商品卖点
2. 下列淘宝直播引流的方式中,属于私域引流的是(　　)。
 A. 店铺首页　　　B. 微博　　　C. 微信公众号　　　D. 朋友圈
3. 下列不属于副播的工作内容的是(　　)。
 A. 确认直播场地　B. 塑造自身人设　C. 调试直播设备　D. 直播复盘
4. 主播在设置直播标题时,下列做法中不恰当的是(　　)。
 A. 设置利益点　　B. 借势热点　　　C. 激发好奇心　　D. 自我夸奖
5. 在淘宝直播中,拥有强大供应链支持或背靠货源地的主播可以打造(　　)。
 A. "达人"人设　　B. 低价人设　　　C. 励志人设　　　D. 专家人设

二、多项选择题

1. 直播电商的收益分配模式有(　　)。
 A. 纯佣金模式　　　　　　　　　B. 广告费模式
 C. 纯坑位费模式　　　　　　　　D. "佣金+坑位费"模式
2. 下列淘宝主播的做法中,能够实现赢得用户信任这一目标的做法有(　　)。
 A. 权威背书　　B. 数据证明　　　C. 限时限量　　　D. 现场体验
3. 主播在设计抽奖环节时,下列做法正确的有(　　)。
 A. 在某个时间点集中抽完奖品
 B. 通过点赞数把握抽奖节奏
 C. 奖品为直播间推荐过的商品
 D. 采用签到抽奖、问答抽奖等形式
4. 在直播带货过程中,不是促成直播间第一次交易的商品的有(　　)。
 A. 引流款　　　B. 印象款　　　　C. 福利款　　　　D. 利润款
5. 下列属于优秀的个人 IP 具备的共性特征的有(　　)。
 A. 符合人设　　B. 核心突出　　　C. 独立个体　　　D. 价值输出

三、判断题

1. 引流款产品利润高,还可以为直播间带来大量粉丝,带动其他产品的销量。(   )
2. 直播营销活动的执行包含直播开场、直播过程和直播收尾3个环节。(   )
3. 直播单品脚本一般设计为图表的形式。(   )
4. 在确定直播目标时,可以提高销量、观看量等指标的考核标准,以此来"激励"直播团队。(   )
5. 通过直播引流成本相对而言是比较低的。(   )

任务二 开启直播

开启直播

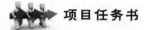 项目任务书

课内学时	6	课外学时	4
知识目标	1. 掌握直播过程中互动的方式 2. 掌握直播过程中的话术技巧、销量提升技巧和粉丝经营技巧		
技能目标	能够在直播过程中进行有效互动		
素养目标	1. 走进直播,参与直播,提升自信 2. 形成"以用户为中心"的直播思维与意识 3. 培养在直播情境下的主动沟通与互动意识		
项目任务描述	1. 确定直播过程中运用的互动方式 2. 直播流程的设置 3. 直播过程中的技巧提升		
学习方法	1. 听教师讲解相关知识 2. 动手实践		
所涉及的专业知识	1. 直播带货的基本操作与流程 2. 直播话术,直播互动方式		
本任务与其他任务的关系	本任务是本项目中的核心任务,也是承上启下的任务		
学习材料与工具	材料:①项目任务书后所附的基本知识;②在线视频资料 工具:项目任务书、任务指导书、手机、计算机、笔		
学习组织方式	部分步骤以团队为单位组织,部分步骤以个人为单位组织		

 任务指导书

完成任务的基本路径如下。

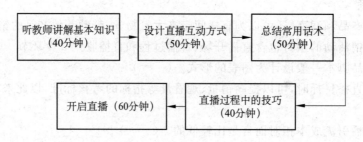

直播间话术

第一步,讲解直播互动方式。

听教师讲解直播中常见的互动方式,确定各直播阶段所选择的互动方式,并对互动方式加以描述,填写表 5-12。

表 5-12 直播互动汇总

直播阶段	互动方式	描述

第二步,总结直播中的常用话术,并填写表 5-13。

表 5-13 直播营销常用话术示例

话术应用场景	话术技巧	示例
直播预告		
开播互动		
引导关注		
邀请观众进群		
活跃氛围		
激发观众对商品的兴趣		
引导观众下单		
结束下播		

第三步,罗列直播技巧提升方法,并填写表 5-14。

表 5-14 直播技巧提升

技 巧	提升方法
讲解话术技巧	
销售提升技巧	
粉丝经营技巧	

第四步,开启直播。

结合本次课的学习,在本项目的基础上,完善表 5-15 内容,各团队开启直播实训。并根据完成情况,填写表 5-15。

表 5-15 开启直播

组别:				
序号	指　　标	评分标准	实际得分	记　　录
1	主播和助理合作顺畅、吐字清晰、仪态大方	2		
2	直播预热能聚集人气、调动气氛、增加粉丝量	3		
3	能全方位介绍商品卖点,促进成交	3		
4	直播结尾安排合理,为下一场直播做预热	1		
5	所有组员配合得当,无失误	1		
	合　　计			

 项目任务评分标准及评分表

任务二 "开启直播"评分标准及实际评分表(总分 10 分)

班级:_____　　学生姓名:_____　　学生学号:_____

考核标准	分 值 明 细		
	2	3	5
任务产出	直播互动方式设计	直播流程设置	直播技巧提升
评分标准	不同直播阶段采取的互动方式描述(2分)	直播互动总结完整(1分) 直播互动设计精良(1分) 互动话术总结到位(1分)	讲解话术技巧(2分) 销售提升技巧(1分) 粉丝经营技巧(2分)
实际得分			
总得分			

基本知识

一、直播流程

(一) 有效的开场互动

在直播中,给用户的第一印象是非常重要的。如果主播没有打造足够具有吸引力的直播开场白,那将无法留住用户,甚至可能会导致一场精心策划的直播前功尽弃。因此,大家一定要在直播开场白上下足功夫,用心设计。主播在设计直播开场白时的方法和技巧如下。

1. 直播欢迎话术

直播的欢迎话术是每场直播都不能缺少的。直播团队不能因为直播没多少人看,就敷衍了事。在直播开场时,无论在线观看用户有多少,主播首先需要对直播间的用户表达感谢。通常有以下几种欢迎话术方式。

(1) 点名话术。"欢迎张三进入我的直播间,你的名字这么有创意,是不是背后有什么故事。"

(2) 吸引型话术。"今天来给大家分享几个美妆的小技巧,学会了你也可以是美妆达人!"

以上的欢迎话术有助于提升主播亲切感,在观众进入直播间的第一时间感觉亲切舒服。在设计直播开场欢迎话术时,首先从称呼上要拉近与用户的距离。作为主播千万不要害羞,要多夸奖人,例如帅哥、美女、亲亲等。对主播来说,夸人一两句,几个称呼就能办到。但是从用户的角度来看,听到夸奖在一定程度上是会产生好的情绪反应的。产生情绪后,继续引导看直播就会更加容易。

2. 直播主题介绍

有些主播在直播初期开场白还没说两句就着急忙慌进入主题,这会导致没有了解过直播间或者没看过直播预告的用户会不知所措,云里雾里。所以,在欢迎观众之后,主播需要简要介绍一下本次直播的主题,让更多用户能了解到直播的内容,从而吸引更多人继续观看直播。

(二) 与粉丝互动

1. 留人策略

把用户吸引到直播间后,主播就要想办法把观众留在直播间。在开场的时候,主播可以利用上述暖场话术,搭配热场活动、游戏的方式留住观众,用热情的话术和动作欢迎进入直播间的观众。

2. 互动活动设计

(1) 直播互动留人。直播开场时,因为观众人数不多,所以主播需要自行开启话题,甚至有时候还要自说自话,或是与团队内部进行对话,总之得先让直播间"动"起来。直播进入正轨时,主播就要和观众互动,让观众参与进来,一方面是为了调动直播间氛围,另一方面也有助于建立和观众之间的强联系,提升粉丝及产品转化。

(2) 分享直播主题。分享直播主题是为了让观众快速获取本场直播的主要内容,更近一步留住那些有精准需要的观众。例如,本场直播主要是卖吃的,那么,主播在直播时告诉观看的用户本次直播的产品大概有哪些,适合哪些人群,就可以留住一批"吃货"小可爱。

(3) 游戏/红包互动。直播过程中可以用小游戏、红包的方式互动。例如,可以和观众玩成语接龙、脑筋急转弯等各种能及时开始的小游戏。或者开场就先来抽一波奖,不论奖品、红包大小,观众凑的就是一个热闹。一方面,可以活跃气氛;另一方面,观众期待还会有抽奖发红包的活动,也会留在直播间看直播。但也有很多主播在直播抽奖环节经常犯以下几种错误。

① 无明显告知,用户在进入直播间时无法在第一时间知道抽奖信息。正确方式为通过口播、小喇叭公告、小黑板等多种组合方式说明抽奖信息。

② 无规则、随意。正确方式为明确抽奖的参与方式,用点赞量达到某个标准为规则开始抽奖,避免整点抽奖。

③ 抽奖环节无任何互动。正确方式为主播提醒用户刷指定的弹幕和评论,以活跃直播间的氛围,然后启动后台抽奖页面,提醒用户关注主播,提高中奖概率。

④ 抽奖只有一次,没有节奏。正确方式为抽奖要有节奏,抽奖一次以后,需要先公布中奖用户,并告知下一次抽奖的条件,以延长直播时长,增加粉丝量。

(4) 回答弹幕。直播进入正轨后,会陆续有观众通过弹幕与主播互动,主播要时常关注直播间弹幕,及时了解观众的需求并解决需求。例如,有人问,主播今天戴的帽子是在哪条链接?怎么搭配比较好看啊?这款产品微胖型人适不适合啊?这款面膜敏感肌能不能用等。针对这些问题,及时回答并进行引导性提问,提升互动率。

3. 执行把控

在直播过程中,直播团队需要把控直播间节奏。首先要明确,在直播的主场,直播必须掌控主动权和控制权。因为没有经验,很多新人主播在直播间并没有主场的感觉,自己都感觉像一个客人,进进出出的观众怎么会觉得自在呢。所以,首先要记得在自己的直播间里要有主场的感觉,主播必须掌握主动权和控制权。通常粉丝来到直播间是为了消遣时间,如果主播只会被动地等待粉丝制造话题,粉丝当然会失去兴趣。

二、直播带货的基本操作及流程

(一) 从时间维度划分

直播流程包括以下几个环节。

(1) 开场预热。主播向直播间的粉丝打招呼、问好并介绍自己,热情地欢迎粉丝到来,针对今日直播主题进行介绍。

(2) 话题引入。根据直播主题或当前热点事件切入,目的是活跃直播间气氛,调动粉丝情绪。

直播间账号

(3) 产品介绍。根据产品单品脚本介绍；重点突出产品性能优势和价格优势（直播间活动）。

(4) 粉丝互动。直播间福利留人，点关注、送礼、抽奖、催单话术、穿插回答问题等。

(5) 结束预告。整场商品的回顾，催付；感谢粉丝，引导关注，预告下次直播时间、福利和产品活动。

(6) 直播复盘。下播之后，整个直播团队需要对本场直播进行复盘。

（二）从人员分工维度划分

1. 主播

(1) 开播前用彩排时间检查网络，直播手机在 Wi-Fi 环境下尽量开启飞行模式，保证最佳直播状态。检查摄像头的入境情况，以及是否镜像。

(2) 开播前 10 分钟，快速梳理产品讲解流程。

(3) 直播时，根据当天计划进行直播；控制单件或套装讲解时间在 10 分钟左右；注重在直播中引导观众、与观众互动。

2. 其他参与人员

(1) 开播前，记录当前粉丝量。

(2) 直播时，关注进入直播间的各项数据，如在线粉丝数、新增粉丝数、评论数等。

(3) 关注并记录观众提出的问题，积极参与互动，调动活跃气氛。

(4) 留意直播现场及直播间内状况。

(5) 产品特惠链接设置。

(6) 特惠链接及时下架。

(7) 观众引导。

三、直播过程中的技巧

（一）讲解话术技巧

(1) 直播讲解话术的五步讲解法，如图 5-4 所示。

图 5-4　产品五步讲解法

下面以某知名品牌的"焖烧杯"为例，介绍五步讲解法，如表 5-16 所示。

表 5-16　"焖烧杯"五步讲解法

步　骤	具 体 说 明	举　　例
提出痛点	针对要销售的产品，结合消费场景提出消费的痛点以及需求点	很多上班族工作很繁忙，上班的通勤时间很紧张，白天上班来不及做早餐

续表

步骤	具体说明	举例
放大痛点	将提出的问题放大和全面化,尽可能把大家忽略掉的问题都罗列出来	外面买早餐食品卫生和营养不能得到保障、不吃早餐伤胃
引入产品	以解决问题为出发点,引入产品,解决掉之前提出的问题	焖烧杯产品可以晚上准备早上就吃
提升高度	详细讲解产品卖点,并且通过引入品牌、口碑、流行趋势等其他视角增加产品本身的附加值,在这一步重点让买家对这款产品产生仰视的心理态度	大品牌,好制造,口碑好
降低门槛	在以上步骤全部完成之后,可以在这一步降低消费者的购买心理防线,以讲解优惠、渠道优势、独家稀缺等方面去说明。降低门槛可以理解为是"临门一脚"。这个阶段降低消费者最后购买心理防线,要让消费者觉得:"哇,这么好的东西,居然还这么便宜,必须买它!"	日常价格为 109,今天限时秒杀价 69,仅有 3 000 份

(2) 除此之外,主播在设计直播营销话术时要做到以下几点。

① 规范性。直播电商正在朝着规范化的方向发展,一系列规范直播参与者行为的政策、法规相继出台,因此主播的营销话术要符合相应的政策要求,在介绍商品时不能使用违规词,不能夸大其词。主播设计话术时要避开争议性词语或敏感性话题,以文明、礼貌为前提,既能让表达的信息直击用户的内心,又要营造出融洽的直播氛围。

② 专业性。直播话术的专业性体现在两个方面:一是主播对商品的认知程度,主播对商品认知得越全面、越深刻,在进行商品介绍时就越游刃有余,越能彰显自己的专业性,也就越能让用户产生信任感;二是主播语言表达方式的成熟度,同样的一些话,由经验丰富的主播说出来,往往比由新手主播说出来更容易赢得用户的认同和信任,这是因为经验丰富的主播有着更成熟的语言表达方式,他们知道如何表达才能让自己的语言更具说服力。

③ 真诚性。在直播过程中,主播不要总想着怎样讨好用户,而应该与用户交朋友,以真诚的态度和语言来介绍商品。真诚的力量是不可估量的,真诚的态度和语言容易激发用户产生共鸣,提高主播与用户之间的亲密度,这样用户才有可能配合主播做一些互动。

④ 感染力。高成交直播营销话术设计的重点是主播在介绍商品时语言要口语化,同时搭配丰富的肢体语言、面部表情等,主播的整体表现具有很强的感染力,更能够把用户带入描绘的场景中。

(二) 销售提升技巧

1. 少卖货、多互动

很多人做直播带货会犯这样一个错误:一场直播下来,除了卖货就是卖货,毫无趣味可言。就算是李佳琦、烈儿宝贝、林依轮这样的大主播,也不会整场直播只讲产品。如果直播间前期人少,那就尽量多互动,多分享有意思的内容,引导大家刷一刷评论,使直播间的权重得到提升,直播观看人数一定不会少。

2. 建立信任感

直播过程中,主播要时刻与运营团队沟通,了解销售的实时情况。如果销售情况不佳,或者观众在评论区表示犹豫时,主播要能直接点出可能出现的顾虑并给出解决方案,例如产品质量、售后、价格问题等。让用户感觉被重视,增强信任感。

(三) 粉丝经营技巧

积极地运营现有粉丝,例如淘宝群的粉丝群开播前消息提醒;开播时,直播中控台进行粉丝推送;叫上亲朋好友一起看直播,邀请亲朋好友发圈来看直播;设置直播裂变分享优惠券和分享抽奖等功能,让已有的粉丝拉上朋友一起来领券或抽奖看直播。

1. 粉丝推送

粉丝推送被誉为粉丝召回利器,帮助直播团队召回粉丝到直播间。建议保持高频固定时段节奏开播,让粉丝养成固定回访心智。

2. 提醒新粉关注

激励用户关注直播间,第一个方式是口述＋手势引导关注,这可以跟场控配合,例如场控给出提示要跳悬浮窗了,主播就要立即告诉粉丝:"点击这里关注我,可以领取福利。"

3. 拉新涨粉

如图 5-5 所示,分享抽奖玩法是主播与直播间用户互动、拉新涨粉的利器,不但能够活跃直播间氛围,提升直播流量,还能通过用户拉新助力的方式产生裂变促进涨粉,帮助主播提升用户直播间停留时长。燕之屋官方旗舰店、周黑鸭旗舰店在玩法试用期通过"分享抽奖"玩法达到了回流率 50% 的增量。

图 5-5 直播互动"分享抽奖"设置

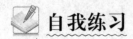

自我练习

一、单项选择题

1. 下列属于主播直播基本能力的是( )。
   A. 语言表达能力　　　　　　B. 商品讲解能力
   C. 直播控场能力　　　　　　D. 商品带货能力

2. 下列不属于副播的工作内容的是（　　）。
   A. 确认直播场地　　　　　　B. 直播复盘
   C. 调试直播设备　　　　　　D. 塑造自身人设
3. 讲解商品过程中，主播提到商品的价格仅为平时价格的一半，这属于五步讲解法的（　　）步骤。
   A. 提出痛点　B. 放大痛点　C. 提升高度　D. 降低门槛
4. 以下（　　）选项不属于直播过程中的技巧。
   A. 讲解话术技巧　　　　　　B. 场景搭设技巧
   C. 销售提升技巧　　　　　　D. 粉丝经营技巧
5. 主播在设计抽奖环节时，下列做法错误的是（　　）。
   A. 在某个时间点集中抽完奖品
   B. 通过点赞数把握抽奖节奏
   C. 奖品为直播间推荐过的商品
   D. 采用签到抽奖、问答抽奖等形式

二、多项选择题

1. 淘宝的客服在提供售后服务时，下列做法正确的是（　　）。
   A. 确认订单的相关信息
   B. 及时对用户进行跟踪回访
   C. 收到好评后表达感谢
   D. 收到差评后与用户据理力争
2. 在设计淘宝直播封面图时，需要注意的问题有（　　）。
   A. 展现固定信息　　　　　　B. 干净、整洁
   C. 使用拼图　　　　　　　　D. 展示直播间特色
3. 在塑造 IP 形象时，人格强化主要通过（　　）来实现。
   A. 口头禅　B. 标志符号　C. 标签　D. 名号
4. 下列主播的直播话术中，正确的有（　　）。
   A. 各位宝宝们，晚上好，这里是××的直播间，欢迎大家的到来
   B. 谢谢亲们的礼物（比心）
   C. 时间不早了，我要下播了，谢谢大家的陪伴，明天同一时间再见
   D. 亲们点击上方的按钮，关注我哦
5. 淘宝直播主要有（　　）形式。
   A. 达人直播　B. 明星直播　C. 店铺直播　D. 企业直播

三、判断题

1. 对于烘焙类的可加工食品，主播可进行现场制作并体验式直播。（　　）
2. 中小商家因为预算有限，在直播过程中最好只设置一次抽奖活动。（　　）
3. 直播关闭之后意味着整个直播工作的结束。（　　）
4. 主播只要人气高，带货能力一定不会差。（　　）
5. 在电商直播时，主播给用户的赠品要与商品有关联。（　　）

任务三　下播后落实

项目任务书

课内学时	4	课外学时	2
知识目标	1. 对下播后的工作有初步的了解 2. 知道下播后订单统计的方式 3. 知道产品发货的渠道		
技能目标	1. 能够处理直播间的售后工作 2. 下播后，能够维护直播间粉丝及购买用户		
素养目标	1. 培养法制意识，建立制度自信 2. 树立正确的经营思想和经营理念		
项目任务描述	1. 下播后订单统计 2. 下播后售后的跟踪处理 3. 产品发货渠道的选择 4. 下播后的客户维护		
学习方法	1. 听教师讲解相关知识 2. 实践操作		
所涉及的 专业知识	1. 订单统计方法 2. 产品发货选择 3. 客诉处理跟踪要点 4. 粉丝维护		
本任务与其他 任务的关系	本任务与其他任务为平行关系。本任务所组建的团队在以后的任务中会继续延用		
学习材料与工具	材料：①项目任务书后所附的基本知识；②在线视频资料 工具：项目任务书、任务指导书、手机、计算机、笔		
学习组织方式	部分步骤以团队为单位组织，部分步骤以个人为单位组织		

任务指导书

完成任务的基本路径如下。

第一步,听教师讲解基本知识,了解销售数据整理、产品发货、售后处理、客户维护的相关知识,完成表 5-17。

表 5-17 基本练习

1. 请阐述下播后第一时间统计订单重要性:
2. 讲述客诉处理的步骤及心得:
3. 下播后如何做好粉丝的维护?

第二步,直播销售数据整理统计。

(1) 完成三种方式的淘宝直播数据整理统计,填写表 5-18。

表 5-18 淘宝直播数据整理统计

方式一		具体操作步骤	
方式二		具体操作步骤	
方式三		具体操作步骤	

(2) 完成抖音直播订单的报表导出,填写表 5-19。

表 5-19 抖音直播数据导出

步骤一		注意要点	
步骤一		注意要点	
步骤一		注意要点	

第三步,分析不同的产品发货渠道的优缺点,适合哪种直播模式,填写表 5-20。

表 5-20 发货渠道分析表

传统备货发货	云仓发货	货源地直播发货	全国货源地发货

第四步,模拟顾客及客服的角色,实际解决顾客在直播结束后提出的售后各种问题,填写表 5-21。

表 5-21 客服售后跟踪

学号		姓名	角色
顾客提出的问题			
客服的解决方案			
教师评价			

第五步,团队分工,建立社群并活跃社群。基于一种直播类型,对直播间已购买的客户引导至社群中,完成私域流量的建设,填写表5-22。

表 5-22 活跃社群

学号	姓名	岗位	职责
建立社群的方法			
活跃社群的方法			

项目任务评分标准及评分表

任务三 "下播后落实"评分标准及实际评分表(总分5分)

班级:_____ 学生姓名:_____ 学生学号:_____

考核标准	分值明细				
	1	1	1	1	1
任务产出	完成三种方式的淘宝直播数据整理统计	完成抖店直播订单的报表导出	分析不同的产品发货渠道的优缺点,适合哪种直播模式	模拟顾客及客服的角色,实际解决顾客在直播结束后提出的各种问题	组建社群 活跃社群
评分标准	能够运用不同的方式,查询商家淘宝直播数据,完成一种方法得0.3分,全部完成得1分	能够按照步骤完成订单的导出,每个步骤完成得0.3分,全部完成得1分	能够分析出4种发货渠道的优缺点,得分0.5分;分析出不同产品发货渠道适应的直播模式,得分0.5分	对顾客提出的问题,客服能够解决,解决一个得0.3分,解决三个或以上,得分1分	能够组建团队,进行分工,明确岗位职责得0.3分;组建社群得0.3分;能用不同的方式或者活动活跃社群得0.3分,全部完成得1分
实际得分					
总得分					

基本知识

一、下播后的跟踪落实

(一)销售数据整理统计

1. 淘宝直播销售数据整理统计

无论是做淘宝直播,还是加入淘宝客推广,商家最终的目的就是转化、销

下播后的跟踪落实

量。很多商家每天都会在规定的时间内统计自己的日销量。

（1）在"生意参谋"中查看手机淘宝直播的访客数和下单转化率，路径是"卖家中心"→"生意参谋"→"流量分析"→"流量看板"→"转化"，可以了解很多方面的数据，如图 5-6 所示。

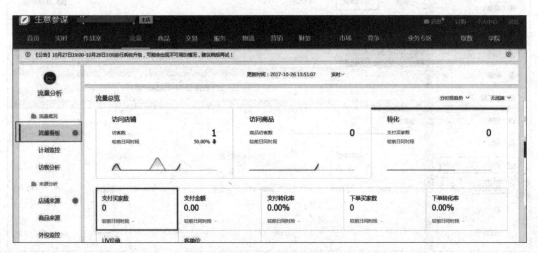

图 5-6　生意参谋页面

（2）PC 端直播中控台如图 5-7 所示，点击查看数据详情。

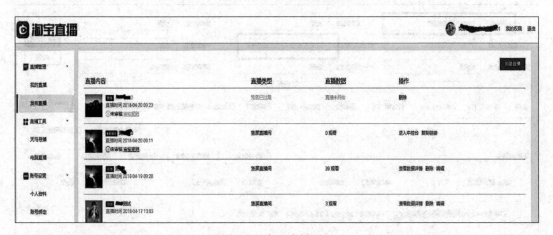

图 5-7　淘宝直播页面

（3）达人主播可以进入"阿里创作平台"→"统计"→"内容分析"→"渠道分析"中查看，如图 5-8 所示。

2. 抖音直播销售数据整理统计

（1）抖音订单查询方法。在抖音后台，打开订单管理页面，支持订单编号、状态、商品 ID、手机号、快递单号等 16 种维度筛选。

若有客户咨询物流进度或者发货等情况，可以复制订单对应的信息，点击"查询"按钮就可以查到具体的订单信息了，如图 5-9 所示。

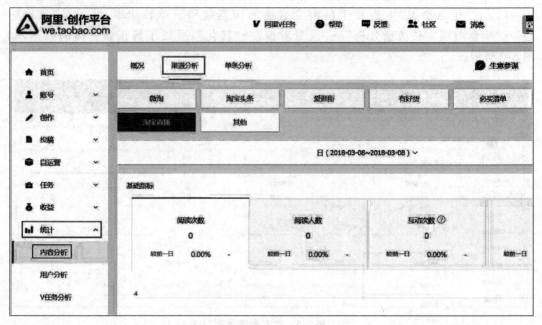

图 5-8　阿里创作平台

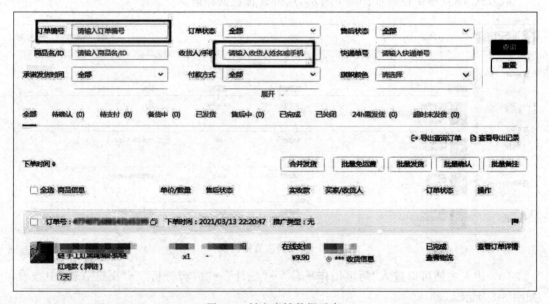

图 5-9　抖音店铺数据后台

（2）抖音订单批量导出。

第一步：进入订单管理后台，如图 5-10 所示，点击"导出查询订单"按钮。

第二步：弹出"导出查询订单"页面，如图 5-11 所示，选择"报表类型""导出维度"等，然后点击"导出"按钮。等待几秒报表导出完成。

图 5-10 抖音订单管理后台

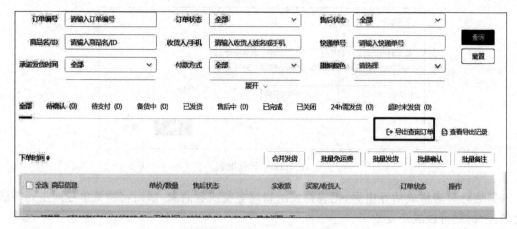

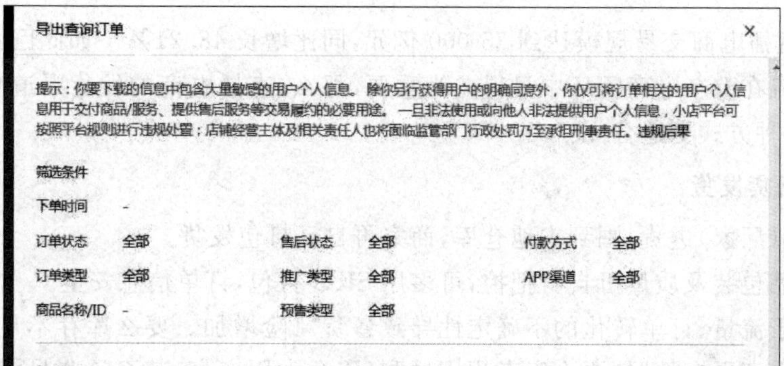

图 5-11 导出数据表格

第三步：点击"下载报表"按钮，如图 5-12 所示，提醒要发送验证码到绑定的手机号，输入验证码，点击"确定"按钮即可下载成功。

图 5-12　下载报表

抖店订单表格成功导出后,把表格发给物流客服或者商家,然后将物流单号同步到抖店订单后台,就可以成功发货了。

(二) 产品发货

2022 年直播电商交易规模达到 35 000 亿元,同比增长 48.21%。如此巨大规模的电商行业,快递物流在整个电商闭环中显得尤为重要,那么,直播电商的发货渠道有哪些?其中利弊如何?哪种方式更适合呢?

1. 传统备货发货

从货源地(厂家)进货,囤到本地仓库,商家再自己打包发货。

优点:商品包装及质量可自身把控,可多用 SKU 打包,订单信息安全。

缺点:由于流量、订单转化的不确定性导致备货风险增加。要么库存不足,订单不能及时发货,遭遇电商平台处罚;要么库存积压过剩,资金占用率高,甚至沦为呆滞库存,直接造成经济损失。同时增加人力成本及仓库租赁费用。

2. 云仓发货

云仓如图 5-13 所示,包含快递公司直营云仓和第三方平台云仓。

优点:ERP+仓储 WMS 系统对接信息化管理,打包处理速度快,加快发货时效,快递费用价格低。

缺点:在流量不稳定的前提下,同样会出现备货难的情况,尤其是在多 SKU 的情况下。无法预计入库量,会出现"断档"的情况。增加沟通成本、入库成本、清理成本、出库成本、堆放成本。

3. 货源地直播发货

直播的人货场都在一个仓库内完成,适合规模较大的直播团队。一边直播,一边发货。

优点:时效高,物流费用低。

缺点:直播产品要提前入仓,增加沟通成本、场地成本、场景架设成本、人员管理成本。

4. 全国货源地发货

优点:适合中小直播电商客户,不需要前期囤货,减少资金占用,卖多少发多少,厂家只需打包即可,系统运单一键回传,商户自己生成运单号,待快递员上门揽收即可,发货时效快,增加店铺 dsr 评分;商家不用建仓,也不用打包发货,更不用入第三方仓库,节省大量成

图 5-13 云仓

本,沟通成本低;上门揽件(货源地),上门派送(收件人),增加店铺好评;时效较四通一达更有保障;多货源地商品也可以同时发货,不怕多品或者换品带来的快递成本。

缺点:厂家要配合打包出库,需要沟通。

(三) 客服的售后处理

1. 客服人员要注意订单备注的修改

有时因为客户临时改变想法,可能会导致订单信息发生变化,例如产品颜色、数量、送货地址等,为了确保客户的诉求能得到满足,客服人员需要对这类订单做备注,写明修改内容。

2. 发货通知

订单发货后,可以向顾客发送信息告知,订单已经发货,提醒顾客可以随时查看物流进度,并注意收货,这种小细节可以提高顾客对店铺的好感度。

有的顾客下单后未付款,客服可以在适当的时间(如截单时间快到时)提醒顾客及时支付;如果是产品缺货、延迟发货时间的,客服要一对一地和客户沟通并做下一步确认。

3. 吸引客户评价

交易完成后,客服人员可以通过领红包、赠送代金券等方式吸引顾客分享产品体验,参与买家秀在推动店铺口碑建设的同时,还能促进二次营销。

4. 客户在产品签收后,及时进行跟踪回访

顾客在签收货物后,及时进行跟踪回访。店铺在确认顾客已经收货的情况下,可以就顾客对产品的满意度,做一个电话或短信回访。如果顾客对此次购物很满意,客服要对顾客表示衷心的感谢,并且欢迎顾客再次前来选购产品,同时备注好顾客的偏好等相关信息,为下次接待顾客做好准备。如果顾客对产品感到不满意,客服首先要认真道歉,做出相关解释;如果产品需要退换,就安排退换。这样不仅能发现与改进店铺的不足之处,还能改善服务模式,提高客服服务水平。

5. 处理好评和中差评

店铺要重视顾客的晒图好评,不能感觉客户已经给出了好评,就没必要再关注了。其实,回复顾客好评能够提升顾客好感,从而有可能成为店铺的回头客。因此在收到好评后,客服要向顾客表达感谢,感谢顾客购买产品,感谢顾客对店铺的支持。但在顾客的好评中有这样一种情况,那就是顾客明明给了好评,却在好评中说产品质量一般,购物体验并不是很好,只是习惯性好评而已,面对这种情况,客服应该在不泄露顾客信息的前提下诚恳道歉,认真解释,然后私信顾客,再次致歉,感动客户,得到谅解。

发现顾客给出中差评时,客服人员要在第一时间联系顾客,询问顾客给出中差评的具体原因,大部分情况下,顾客是不会给商家中差评的。与顾客沟通时,客服要注意语气和态度。如果是店铺方面的问题,客服要向顾客真诚道歉,并给出补救方案。如果是恶意中差评,客服要注意取证,并将证据提交给平台管理人员。

二、下播后的客户维护

成为自己第一次顾客的人,成为第二次顾客的可能性高达80%,直播下播后,店铺要做好粉丝的维护工作,将直播吸引到的流量转化为自己的粉丝,直播带货的结束并不意味着与客户关系的终结,而是进一步增加客户黏性,促进二次消费,完成自由度领域运营的有利机会。

(1)由于直播的时间有限,就导致主播与客户的互动有限,商家可以适当引导用户添加客服的联系方式来解决,这样就形成了客服与客户的关系链,借助关系链的黏性,促进复购。

(2)社群运营。社群运营是快速聚集用户,传递有效信息的高效方法,可以制定定期的线上活动、社群的日常打卡、发公告、发红包等多种方式增加与用户的互动。当然也可以采取抽奖、优惠券等方式进行,这样还可以激活复购,同时结合线下活动,增进与客户的关系。

(3)以淘宝店铺直播为例,看如何创建淘宝直播粉丝群,以及如何用淘宝直播粉丝群做好粉丝维护。

① 建群方法。店铺创建直播粉丝群的方式主要有三种,如表5-23所示。

表5-23 粉丝群建群方法

方法一	使用店铺主账号登录手机淘宝客户端首页,点击左上角扫码,之后扫描下方的二维码创建粉丝群
方法二	使用店铺主账号登录手机淘宝客户端,点击右上角"消息"选项,再点击"+"创建粉丝群
方法三	使用店铺主账号登录群聊计算机版,点击右上角创建粉丝群

② 建群注意事项。设置群简介、群公告、群规则及欢迎语;单个群组可以支持创建50个子群,每个子群最多可以容纳500人;粉丝加群时,系统会优先将其加入群成员未满且群序号靠前的子群。

③ 维护技巧。维护淘宝粉丝群时,主要就是提高群成员的活跃度,引导其下单购买,具体操作方法见表5-24。

表5-24 粉丝维护技巧

粉丝维护技巧	具体操作方法
红包	管理员可以在群内设置抢红包的活动,增加群的活跃度

续表

粉丝维护技巧	具体操作方法
投票	淘宝群投票活动仅支持群成员达到10人及以上的群,投票活动可以引导群成员进行话题讨论,增强成员之间的信任
拼团	和投票活动一样,拼团活动也只能在群成员达到10人及以上的群内进行,拼团活动可以刺激群成员购买,提升销量
抽奖	淘宝幸运大转盘抽奖,仅支持淘宝群计算机版使用,同样要求群成员达到10人级以上的群

自我练习

一、单项选择题

1. 货源地直播发货的缺点包括增加沟通成本,(　　)和场景架设成本以及人员管理成本。

　　A. 货品成本　　　B. 物流成本　　　C. 场地成本

2. 发现顾客给出中差评时,客服人员要在第一时间(　　),询问顾客给出中差评的具体原因。

　　A. 不予理会　　　B. 联系顾客　　　C. 删除中差评

3. 在建立社群时,需要设置(　　)、群公告、群规则及欢迎语。

　　A. 群名　　　B. 群口号　　　C. 群简介

4. 维护淘宝粉丝群时,主要的就是要提高群成员的(　　),引导其下单购买。

　　A. 活跃度　　　B. 购买欲望　　　C. 种草能力

5. 客户在产品签收后,客服需要及时进行(　　)。

　　A. 跟踪回访　　　B. 赠送礼品　　　C. 让其加入社群

二、多项选择题

1. 直播电商的发货渠道有(　　)。

　　A. 传统备货发货　　　　　　B. 云仓发货
　　C. 货源地直播发货　　　　　D. 全国货源地发货

2. 自建仓库自己发货的缺点有(　　)。

　　A. 存在快递价格居高不下　　B. 仓储成本高
　　C. 人员管理难　　　　　　　D. 淡旺季仓储弹性不强
　　E. 兼顾销售末端打包发货导致无法专注核心业务

3. 社群运营是快速聚集用户,传递有效信息的高效方法,可以采取(　　)方式进行,可以激活复购,同时结合线下活动,增进与客户的关系。

　　A. 制定定期的线上活动　　　B. 增加与用户的互动
　　C. 采取抽奖　　　　　　　　D. 优惠券

4. 客户下单后,售后处理的动作包括(　　)。

A. 客服人员要注意订单备注的修改　　B. 引导客户评价
C. 发货给客户　　　　　　　　　　D. 处理好评和中差评

5. 云仓发货无法预计入库量，会出现"断档"的情况，它的缺点包括（　　）。
A. 增加沟通成本　　　　　　　　　B. 增加入库成本
C. 增加清理成本　　　　　　　　　D. 增加出库成本
E. 增加堆放成本

三、判断题

1. 快递物流在整个电商闭环中显得尤为重要。（　　）
2. 全国货源地发货包含快递公司直营云仓和第三方平台云仓。（　　）
3. 如果客户已经给出好评，就没必要再关注该客户了。（　　）
4. 成为你第一次顾客的人，成为你第二次顾客的可能性高达80%。（　　）
5. 社群运营是快速聚集用户，传递有效信息的高效方法。（　　）

任务四　直播后复盘

项目任务书

课内学时	4	课外学时	2
知识目标	1. 了解什么是直播复盘 2. 了解直播复盘的价值 3. 掌握直播复盘的内容和步骤		
技能目标	能够从后台导出数据并进行数据分析		
素养目标	1. 养成复习回顾和总结的习惯 2. 培养自我反思的意识和能力，促进个人成长		
项目任务描述	1. 直播结束后，团队成员一起回顾（可以通过看回放）整个直播过程的成功之处和疏漏之处，例如直播预热、直播引流、直播过程中主播的表现等 2. 从App和PC端分别导出后台数据，如观众总数、新增粉丝数、付费人数、评论人数、收获音浪、商品展示次数、商品点击次数等 3. 对直播数据进行分析 4. 总结经验并提出优化方案		
学习方法	1. 听教师讲解相关知识 2. 观看在线视频资料自学或复习 3. 动手实践 4. 思考总结		
所涉及的专业知识	直播运营、直播复盘的概念、价值，复盘的内容和步骤，后台数据的导出和分析		
本任务与其他任务的关系	本任务是直播后的复盘，是对前面任务的回顾和总结，优点继续保持，不足之处要找到改进的办法，并在下一次直播时实施		

续表

学习材料与工具	材料：①项目任务书后所附的基本知识；②在线视频资料 工具：项目任务书、任务指导书、手机、计算机、笔
学习组织方式	以团队为单位组织

 任务指导书

完成任务的基本路径如下。

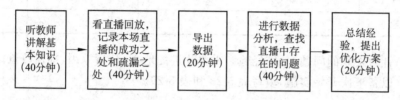

第一步，听教师讲解直播复盘的基本知识。

第二步，团队成员一起观看直播回放，边看边记录本场直播的优缺点（见表5-25），对直播进行一个主观的判断，并提出改进建议。

表5-25 任务产出——本场直播的优缺点

序号	优　点	缺　点	改进建议
1			
2			
3			
4			

注：每个人都要独立填写一份，这样才能集思广益。
提示：优缺点可以从直播预热、直播引流、直播过程中主播的表现、直播间的布置等方面考虑。

第三步，从后台导出数据，并填写数据分析汇总表5-26。

表5-26 数据分析汇总

项　　目	平台1	平台2	平台3	平台4
观众总数				
新增粉丝数				
评论人数				
商品展示次数				
商品点击次数				
收获音浪				
付费人数				
直播间的流量来源				

第四步,对上面的数据进行分析,与之前设定的目标对比,对直播过程进行客观的判断,进一步查找直播中存在的问题,填写表 5-27。

表 5-27 发现的问题

项　　目	平台 1	平台 2	平台 3	平台 4
发现的问题 1				
发现的问题 2				
发现的问题 3				
发现的问题 4				
发现的问题 5				

第五步,针对发现的问题,总结经验和需要改进的地方,分析原因,提出改进的建议。提出优化方案,以备下次开始实施,填写表 5-28 和表 5-29。

表 5-28 导致问题的原因和改进的建议

项　　目	平台 1	平台 2	平台 3	平台 4
分析导致问题发生的原因				
改进的建议				

表 5-29 优化方案

序号	直播前的准备优化方案	执行流程优化方案	直播团队人员优化方案	主播关键能力优化方案
1				
2				
3				

项目任务评分标准及评分表

任务四 "直播后复盘"评分标准及实际评分表(总分 5 分)

班级:_____　　　学生姓名:_____　　　学生学号:_____

考核标准	分值明细			
	1 分	1.5 分	1 分	1.5 分
任务产出	看回放并记录存在的问题	导出数据并分析	通过数据分析发现的问题	提出合理化建议
评分标准	每提出一个问题 0.2 分,总分值不超过 1 分	每导出一个平台的数据得 0.2 分,总分值不超过 1.5 分	每提出一个问题或找出一个原因得 0.2 分,总分值不超过 1 分	每提出一个合理化建议优化方案得 0.3 分,总分值不超过 1.5 分

续表

考核标准	分值明细			
	1分	1.5分	1分	1.5分
实际得分				
总得分				

基本知识

一、复盘的概念和主要内容

(一) 复盘的概念、价值和步骤

1. 复盘的概念

"复盘"原是围棋术语,本意是对弈者下完一盘棋之后,重新在棋盘上把对弈过程"摆"一遍。看看哪些地方下得好,哪些地方下得不好,哪些地方可以有不同下法甚至更好的下法等。这个把对弈过程还原并且进行研讨、分析的过程,就是复盘。通过复盘,棋手们可以看到全局以及整个对弈过程,了解棋局的演变,总结出适合自己和不同对手的套路,或找到更好的下法,从而实现自己棋力的提升。用到企业管理中,复盘可以从过去的经验和实际工作中进行学习,帮助管理者有效地总结经验、提升能力、实现绩效的改善。

直播后的复盘(上)

直播的结束,并不是一场直播活动的终点,直播团队还需要进行直播复盘。所谓直播后的复盘,就是直播结束后,不管成功与否,整个团队要一起对照后台数据,把整个直播过程回顾一遍,总结出该场直播中做得好的地方以及做得不足的地方,包括直播预热、直播引流、直播过程中主播的表现等,我们预先怎么定的、中间出了什么问题、为什么做不到,然后在下一场直播中改进,优化每一场直播,做出更好的直播效果。对直播的各项数据进行分析,如用户活跃度、直播间转粉率等。在所有数据分别进行对比后,记下可以改进的地方,在下一次直播时调整改进。

直播结束时的感受是最直接、最热烈的,所以最好在直播后先复盘再休息。

2. 复盘的价值

复盘不等同于总结,总结是一次直播得出的结论,但复盘是回过头重新来看整场直播。需要清楚了解复盘的作用和重要性,这样才能足够重视这项工作内容。复盘的作用如下。

(1) 强化目标。加快后期工作的进度,方便对工作进行量化。

(2) 发现规律。通过总结规律使整个工作流程化,减少不必要的时间精力消耗。

(3) 复制技巧。吸取成功经验并复制经验,不断提高个人能力。

(4) 避免失误。发现失败原因,避免下次再犯,让下次直播更成功。

复盘能直面问题,有助于避免同样的错误在下次直播时发生,降低成本,减少损失。复盘能够及时发现错误,并对出错的环节进行改正和优化,避免同样的错误再次发生。复盘能让自己不停地校准方向,不断纠正错误,始终朝着正确的方向前进,从"蒙着打"到"瞄准打",有助于找到规律,固化流程和做法。复盘能够让下一场的直播工作更加流程化,摸索更适合自己的直播方式。复盘能够深化认识,看清问题背后的问题,发现新的思路和方法,认清自我,随时随地提升自己的能力。复盘能够将经验转化为能力。每次直播一定会遇到突发状况,如果能够解决,就会不断地积累经验,以后遇到紧急状况,也能沉着应对,不断锻炼自己,将经验转化为能力,即复盘可以使自己在直播过程中解决的突发状况的经验转变为个人能力。

每一个直播团队,都需要养成及时复盘的习惯。通过直播复盘,直播团队可以齐心协力地找出直播过程中的不足之处,或者提前发现一些未暴露出来的问题,从而查漏补缺,不断地优化直播过程,提高直播成绩。

由此可见,直播复盘,对于每一个直播团队,都有非常重要的意义,用好这个环节,能大大提高直播间成绩。

3. 复盘的步骤

(1) 回顾直播目标。直播复盘的第一步,是回顾刚刚结束的那场直播的目标。目标是否达成是评判是一场直播成功与否的标准。将直播的实际结果与目标进行对比,直播团队就可以明白一场直播的营销成绩究竟如何。

回顾目标的环节可以拆分成展示目标和对比结果两个小步骤。

① 展示目标。在直播之前,直播团队往往已经根据实际情况制订了合适的目标。此时,直播团队只需要把既定目标清晰、明确地展示在复盘会议中的一个显眼之处。

② 对比结果。即直播团队将直播的实际达成结果与希望实现的目标进行对比,发现两者之间的差距。可以将实际达成结果与希望实现的目标写在白板上,或者投影在屏幕上,让团队所有成员都能看到,实时回顾和对比,从而确保整个复盘过程都是围绕目标来进行的。

在直播复盘的过程中,结果与目标的对比往往会有三种情况:结果比目标好、结果与目标一致、结果不如目标。

只有了解两者之间的差距,才能在后续的复盘过程中分析造成这种差距的原因,探究实现目标的有效方法。将目标和结果进行对比,判断是否达到了预先设定的目标。工作计划有几项,完成了几项,偏差的内容有哪些,为什么会产生偏差,后续应该如何补足,只有每个小结点的工作都得到保证才能使整个直播成功进行。

由于回顾目标的目的是发现存在的问题,为后续的分析提供方向。因此,直播团队在后续的分析中,就需要重点分析结果与目标不一致的地方在哪里,为什么出现这样的差距。

(2) 描述直播过程。描述过程是为了找出哪些操作过程是有益于目标实现的,哪些是不利于目标实现的。描述过程是分析现实结果与希望目标差距的依据。在描述过程时,需要遵循以下三条原则。

① 真实、客观。直播团队需要对直播的整个工作过程真实、客观地记录,不能主观地美化,也不能有倾向性地进行筛选。

② 全面、完整。直播团队需要提供直播过程中各个方面的信息,而且每一方面的信息都需要描述。

③ 细节丰富。直播团队需要描述在什么环节,谁用什么方式做了哪些工作,产生了什么结果。在直播开播前,哪些人在什么时间、什么平台发布了多少引流内容,这些引流内容

分别是什么类型、观看量有多少、反馈评论有多少、评论回复有多少等。

整个直播过程的细节并不需要全部描述,对于各种有因果联系的细节,直播团队才需要详细描述。

文字记录虽然比口述的操作麻烦一些,却是最合适的描述过程的方法。因为通过文字记录,直播团队的每个人都可以很轻易地检查出遗漏的信息、不完善的信息或虚假的信息,并对记录内容进行修改和完善,从而为后续的复盘工作提供较为可靠的分析数据。

(3) 分析原因,提炼经验。分析原因是直播复盘的核心步骤。直播团队只有把原因分析到位,整个复盘才是有成效的。

通常情况下,分析原因时,直播团队可以从"与预期不一致"的地方入手,开启连续追问"为什么"模式,经过多次追问后,往往能探究问题背后真正的原因,从而找出真正的解决办法。回顾直播过程,站在粉丝的角度看这场直播,去理解用户的感受,回顾哪里犯错了,哪里互动有问题,有没有回答不上粉丝的问题,商品上架是否存在问题等。

追问"为什么",可以从以下三个角度展开。

从"导致结果"的角度问:"为什么会发生?"

从"检查问题"的角度问:"为什么没有发现?"

从"暴露流程弊端"的角度问:"为什么没有从系统上预防(事故或糟糕的结果)?"

直播团队从这三个角度,连续追问多次"为什么",往往可以得出各自角度的结论。这些结论,可能就是问题形成的根本原因。

经过"分析原因"的环节,直播团队往往已经能够认识到一些问题,甚至还能总结出一些经验,讨论出一些方法。然而,这样归纳出来的经验和方法并不能直接使用,任何一个结论都还需要进行逻辑推演,看看是否符合因果关系,即是不是符合"因为做了哪些事情,所以出现了什么结果"。只有符合因果关系的结论,才是可参考的结论,归纳出来的经验和方法也才是有指导价值的。

(4) 数据分析。直播复盘中,还有一个需要高度重视的内容,就是数据分析。通过数据分析客观发现问题。

一场直播营销活动往往会产生很多数据,如用户和商品的相关数据:直播时长、用户停留时长、用户互动数、用户增长数、商品点击率等。这些数据往往反映了一些问题。因此,在直播复盘环节,直播团队也需要对这些直播数据进行分析。

从直播数据中分析规律,根据数据及时调整运营策略。查看正常直播的数据,包括观众总数、新增粉丝数、付费人数、评论人数、收获音浪、商品展示次数、商品点击次数等。还可以查看直播间的流量到底是从哪里来的,如来源于直播推荐、关注页、直播广场、视频推荐、同城等。

单场直播转化新粉占比低于5%时,就说明陌生用户没有被你的直播内容吸引,影响因素包括人、货、场多方面。分析是不是主播不会活跃气氛?是不是主播长得不符合粉丝的审美?产品是不是没有人喜欢?直播间是不是脏乱差?任何一个数据背后都是有迹可循的。

(5) 总结经验。找出问题之后,接下来要做的就是优化直播流程。输出可复制的案例、改进措施,实施新措施、避免重复犯错。

（二）复盘的主要内容

1. 复盘本场销售数据

销售数据包括销售额、销售目标完成率、增长率、重点商品的销售占比、各平台销售占比等。通过复盘以上的销售数据判断是否达到了预先设定的目标，哪些数据增长了，哪些数据下降了，数据增长是由哪些因素引起的，数据下降是由哪些因素导致的，提出改进意见。

2. 复盘本场人气数据

直播的人气数据包括观看次数、实时在线人数、平均观看市场、封面点击率、引导进店次数、引导进店人数、点赞次数、点赞人数、评论次数、评论人数、引导收藏次数、引导收藏人数、引导支付人数、引导支付点单数、引导支付金额、引导粉丝加购人数、引导粉丝支付人数、新增粉丝数等。通过复盘以上的人气数据判断是否达到了预先设定的目标，哪些数据增长了，哪些数据下降了，数据增长是由哪些因素引起的，数据下降是由哪些因素导致的，提出改进意见。

3. 复盘总结本场关键流程执行情况

回顾本场直播关键流程的执行情况，例如开播前的准备工作是否到位，主播是否做到提前熟悉产品，提前准备好购买话术，工作人员是否提前检查调试了灯光、器材、网络等；直播过程中，主播是否按照事先规划好的直播流程来做，主播的节奏有没有被粉丝带走打乱原定顺序，产品推不动时有没有灵活处理，人气不足时有没有通过福利和红包来调动等。

二、数据分析

直播数据复盘是直播运营的一个重要维度，因为一场直播只盯着销量是不够的，还要通过数据的变化情况及时总结与反思。数据分析是直播运营中非常关键的一个环节。主播通过数据复盘回顾并不断优化直播的整个过程，总结出直播中的各种不足，然后在下一场直播中改进，以获得更好的直播效果。从各个渠道获得数据之后，众多的数据令人困惑。如何进行数据统计和分析呢？

直播后的复盘（下）

（一）数据分析的基础

1. 数据的逻辑

1）人与人：人群画像

人群画像由系统根据人与人的特征属性重合度来判断人群的关联性，搭建人群的关联网络。

（1）用户画像分析的基本要素。用户分析可以从社会属性、心理属性、兴趣特征、消费特征、位置特征、设备特征、行为数据、社交数据等维度进行分析。

① 社会属性。包括年龄、性别、地域、血型、受教育程度、职业、收入、家庭状况、身高、体重等基本信息。

② 心理属性。包括性格、能力、气质、价值观、情感、思维等。

用户画像

③ 兴趣特征。浏览内容、收藏内容、阅读咨询、购买物品偏好等。

④ 消费特征。与消费相关的特征,通常以收入多少来划分。

⑤ 位置特征。用户所处城市、所处居住区域、用户移动轨迹等。

⑥ 设备特征。使用的终端特征等,如手机品牌、安卓还是 ISO 系统、移动还是 PC 端、使用 4G 还是 Wi-Fi 等。

⑦ 行为数据。访问记录、访问时间、浏览路径等用户在网站的行为日志数据。

⑧ 社交数据。用户社交相关数据,包括圈子、兴趣喜好、互动行为等。

(2) 用户画像分析的作用。用户画像可以围绕产品进行人群细分,确定产品的核心人群,从而有助于确定产品定位,优化产品的功能点。同时,也可以帮助企业进行市场洞察、预估市场规模,从而辅助制定阶段性目标,指导重大决策,提升 ROI;更有助于避免同质化,进行个性化营销。用户画像分析的作用主要体现在以下五个方面。

① 精准营销。根据历史用户特征,分析产品的潜在用户和用户的潜在需求,针对特定群体,利用短信、邮件等方式进行营销。

② 用户统计。根据用户的属性、行为特征对用户进行分类后,统计不同特征下的用户数量、分布;分析不同用户画像群体的分布特征。

③ 数据挖掘。以用户画像为基础构建推荐系统、搜索引擎、广告投放系统,提升服务精准度。

④ 服务产品。对产品进行用户画像,对产品进行受众分析,更透彻地理解用户使用产品的心理动机和行为习惯,完善产品运营,提升服务质量。

⑤ 行业报告和用户研究。通过用户画像分析可以了解行业动态,例如人群消费习惯、消费偏好、不同地域品类消费差异。

简单来说,所谓的用户画像,无非就是根据用户社会属性、生活习惯和消费行为等信息而抽象出的一个标签化的用户模型,也就是将用户信息标签化。可以根据这些标签,建立用户画像进行精准营销,进而不断提高广告投放的转化率。

2) 货与人:行为标签

行为标签就是访客在网上产生的一系列行为跟店铺产生的关联而造成的标签,由系统根据人的特征性行为来判断用户对商品的关注程度,关注度越高的商品越容易被标记在用户身上。

行为标签是组成店铺标签和宝贝标签的核心要素,宝贝标签和店铺标签都是由行为标签造成的,所以行为标签可以直接干预店铺标签,例如在网上收藏、加购、成交这一系列的行为都叫作行为标签。

行为标签又分为短期标签和长期标签,偶尔浏览一次的称为即时(临时)标签,如果长期形成一种态势,就称为长期的行为标签。行为标签也分为很多的等级,在浏览、加购、收藏、购买、回头这些行为中,最低等级的就是浏览,当去浏览一个宝贝的时候,标签是最弱的。浏览也分为两个维度。

(1) 浏览的时间长短。浏览的时间越长代表客户越喜欢,所以长短是一个重要的标签指标。

(2) 浏览的宝贝数量。如果客户进入 A 店铺浏览了 1 个宝贝,而进入 B 店铺却浏览了 3~5 个宝贝,相对于这种人群画像会喜欢 B 店铺多一点。

比浏览标签等级再高一点的就是加购。也就是说,如果你浏览过宝贝觉得很喜欢,就会加入购物车,这个行为距离成交更进一步了。

2. 数据的来源

(1) 直播数据:中控台。中控台有直播的实时基础数据详情,如图 5-14 所示,包括粉丝、访客的进入情况,可以根据这些实时数据来决定直播的速度和内容。

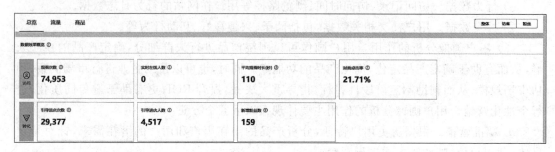

图 5-14　直播数据

(2) 粉丝数据:创作平台。创作平台的粉丝数据可以辅助团队了解主播的用户层级和粉丝分布,了解粉丝的痛点商品,以及粉丝的健康状态。

粉丝数据:人群画像的分析,如图 5-15 所示(手机主播端粉丝画像)。

内容数据:直播内容的数据分析。

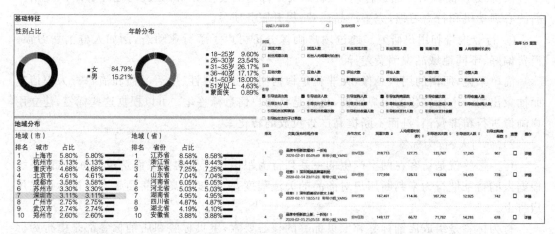

图 5-15　粉丝数据

(3) 销售数据:淘宝联盟。销售数据如图 5-16 所示,是指对于最近或者单天的一个销售数据详情,以及报表明细(手机淘宝联盟收益明细数据)。

(4) 外部数据:数据网、数据平台。外部数据是指外部的大数据统计,如图 5-17~图 5-19 所示。

3. 数据的维度

(1) 直播数据。对直播来说,有一些数据是核心数据。

① 观看数。一场直播观看(PV)的统计总数。一场直播观看数越高,效果越好。

② 粉丝回访率=粉丝浏览次数/浏览次数。粉丝回访率一般是越高,粉丝黏性越好。

项目五 直播

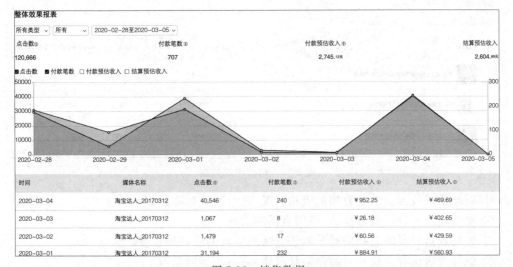

图 5-16 销售数据

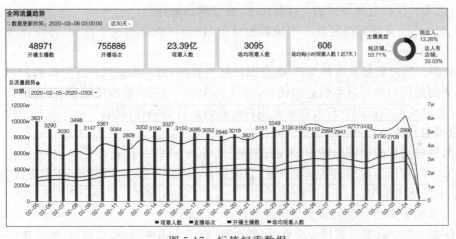

标签权重
数据彩图

图 5-17 标签权重数据

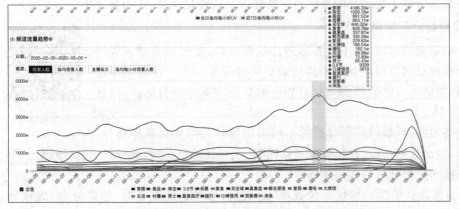

流量趋势
数据彩图

图 5-18 流量趋势数据

商品销量明细

2020-02-05 ~ 2020-03-05　请输入商品名

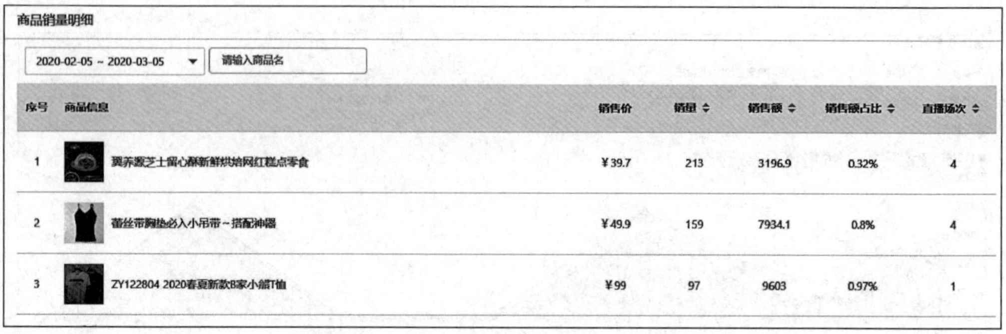

序号	商品信息	销售价	销量	销售额	销售额占比	直播场次
1	翼养源芝士留心酥新鲜烘焙网红糕点零食	¥39.7	213	3196.9	0.32%	4
2	蕾丝带胸垫必入小吊带～搭配神器	¥49.9	159	7934.1	0.8%	4
3	ZY122804 2020春夏新款B家小熊T恤	¥99	97	9603	0.97%	1

图 5-19　销量明细数据

③ 新增粉丝数展示的是直播的吸粉情况，这个数值越高越好。

④ 平均在线人数。人数越高，说明直播越活跃。

⑤ 宝贝点击。反映直播间粉丝对于直播的宝贝的感兴趣程度。

⑥ 引导进店访客。反映直播间流量（UV）进入店铺的情况。

⑦ 引导支付金额。反映直播间渠道对于店铺来说创造的销售额。

⑧ 支付转化率。反映直播渠道的支付转化率，数值越高越好。

⑨ UV 价值。反映直播渠道的每一个访客的价值，店铺可以依据这个数据，指定收费引流策略。

（2）用户数据。用户数据分为两类：一类是用户属性数据，另一类是用户行为数据。用户属性数据代表的是用户自身基本信息和状态，包括天然特征和行为提醒的特征，一般是较为固定，不会轻易改变的。而用户行为数据是用户产品内的行为轨迹，代表了用户和产品的互动模式，通常可通过各种方式影响数据。

用户属性数据包括年龄、性别、城市、家庭、职业、设备类型和型号、获客渠道、获客方式等用户层级分布。用户行为数据包括新粉丝数、活跃频次、付费人数、使用时长、使用频次、加购收藏数、引导进店人数等。

通过这些数据来了解受众范围和受众痛点。

（3）带货数据。带货数据包括付费人数、付费金额、商品点击率、加购收藏数、引导进店人数、询单率、退货退款率等。

通过这些数据可以了解商品的总体销售情况以及高转化单品、市场爆款等。

4. 直播间数据分析常用指标

在直播数据复盘的过程中，主播必须进行数据分析，在回顾直播流程时用数据量化直观地总结直播表现。直播间的后续操作有很大一部分要通过数据指引方向，主播可以分析数据来制订相应的执行方案并进行测试，以优化直播数据。

直播间流量

以抖音直播为例，直播间数据分析的常用指标包括粉丝画像数据指标、流量数据指标、互动数据指标、转化数据指标四类。下面以第三方数据分析工具“蝉妈妈”为例介绍抖音直播间数据分析的常用指标。

（1）粉丝画像数据指标。粉丝画像数据指标包括粉丝的性别分布、年龄分布、地域分布、活跃时间分布、粉丝来源等。

（2）流量数据指标。流量数据指标如图 5-20 所示。

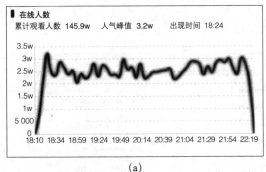 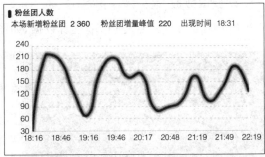

(a)   (b)

图 5-20   流量数据指标

（3）互动数据指标。互动数据指标主要是弹幕热词。弹幕热词又称弹幕词云，如图 5-21 所示，词云是指通过形成关键词云层或关键词渲染，对网络中出现频率较高的关键词进行视觉上的突出，它过滤掉了大量文本信息，使浏览者可以一眼看到文本主旨。

（4）转化数据指标。

① 浏览互动数据。浏览互动数据包括商品展示次数和商品点击次数等。

② 引导转化数据。引导转化数据包括商品详情页访问次数和我的橱窗访问次数等。

③ 直播带货数据，如图 5-22 所示。

 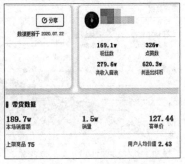

图 5-21   互动数据指标   图 5-22   直播带货数据

（二）直播间数据分析的基本步骤

数据分析是直播运营中不可或缺的一部分，要想优化直播运营效果，提高直播带货的转化率，主播就要学会深耕数据。直播间数据分析的基本步骤：第一步，确定数据分析目标；第二步，获取数据；第三步，数据处理；第四步，分析数据；第五步，编制报告。

1. 确定数据分析目标

通常来说，做数据分析的目标主要有以下三种。

（1）寻找直播间数据波动的原因，数据上升或下降都属于数据波动。

（2）通过数据分析寻找优化直播内容、提升直播效果的方案。

（3）通过数据规律推测平台算法，然后从算法出发对直播进行优化。

2. 获取数据

（1）账号后台。通过 PC 端查看数据，如图 5-23 所示。

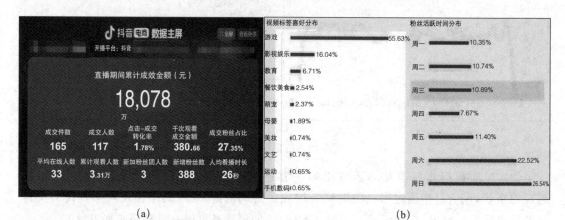

图 5-23　PC 端数据

（2）平台提供的数据分析工具。

① 飞瓜数据。从飞瓜数据中得到数据（用户画像数据、直播互动数据），如图 5-24 所示。

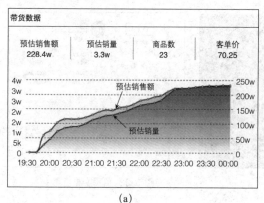

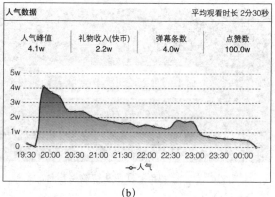

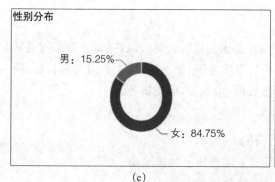

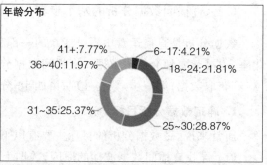

图 5-24　飞瓜数据

名称	占比	城市 | 省份 | 城市线
长春市	6.24%	
哈尔滨市	4.29%	
临沂市	3.90%	
沈阳市	3.31%	
邯郸市	2.92%	
连云港市	2.73%	
北京市	2.53%	
通辽市	2.34%	
唐山市	2.34%	
大同市	2.34%	

(e)

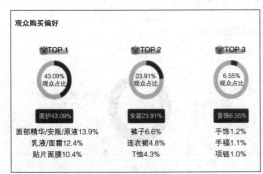

(f)

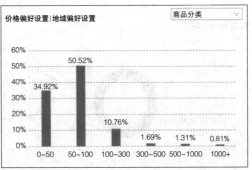

(g)

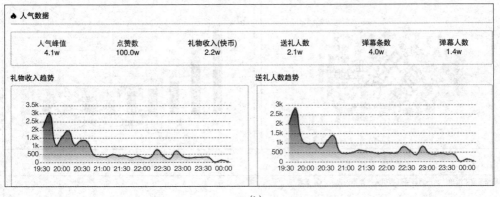

(h)

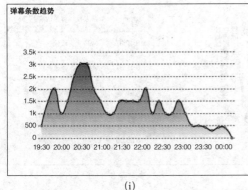

(i)

(j)

图 5-24（续）

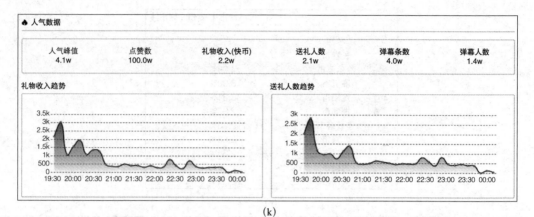

图 5-24(续)

② 蝉妈妈。直播商品榜、直播基础分析数据，如图5-25所示。

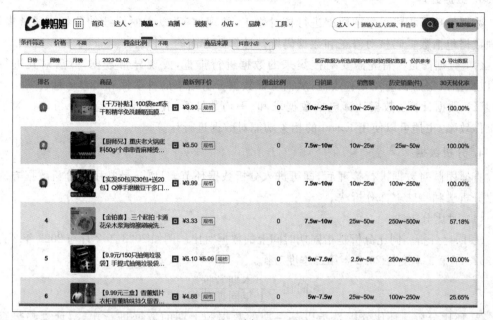

(a)

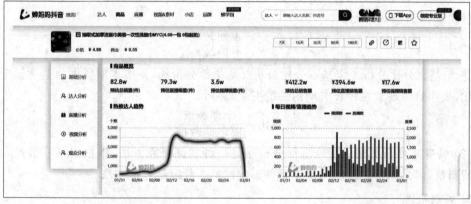

(b)

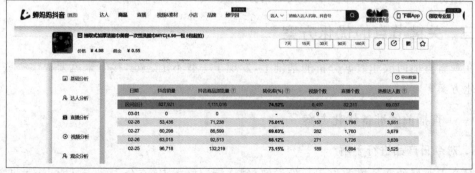

(c)

图 5-25　蝉妈妈数据

3. 数据处理

数据处理是指将采集的数据进行核对修正、整理加工,以方便后续的分析。通常来说,整理数据包括数据码核对修正和数据码统计计算两方面的工作。

(1) 数据修正。首先需要对搜集来的数据进行排查,发现异常数据,然后对其进行修正,以保证数据的准确性和有效性,从而保证数据分析结果的科学性和可参考性。

(2) 数据计算。数据计算包括数据求和、平均数计算、比例计算、趋势分析等。为了提高工作效率,主播可以使用 Excel 的相关功能对数据进行计算。

4. 分析数据

直播团队对数据进行整理后,即可进入分析数据环节。目前,最常用的分析数据方法是对比分析法和特殊事件分析法。

(1) 对比分析法。

① 同比分析。同比分析是指同期时间上的数据对比。例如 2023 年 2 月与 2022 年 2 月对比,2023 年第二季度与 2022 年第二季度对比。

$$同比 = \frac{本期数据}{上年同期数据}$$

② 环比分析。环比分析是指以某一期的数据和上期的数据进行比较,计算趋势百分比,以观察每年的增减变化情况。例如:选定 1—4 月为分析日期,则 2 月与 1 月比较,3 月与 2 月比较,4 月与 3 月比较。

$$环比 = \frac{本期数据}{上期数据}$$

③ 定基百分比分析。定基百分比分析又称指数分析法,是指本期数据与某一固定期数据对比,表明这种现象在较长时期内总的变化趋势。

$$定基比 = \frac{本期数据}{固定期数据}$$

(2) 特殊事件分析法。特殊事件分析法是一种实证研究方法,指根据某一事件发生前后的资料统计,采用特定技术测量该事件影响性的一种定量分析方法。

5. 编制报告

数据分析的最终结果需要汇总成数据分析报告。

三、关键节点的优化方案

在观看直播回放和数据分析的基础上,发现了一些不足之处,接下来就要提出一些具体的优化方案。

(一) 直播前的准备优化方案

1. 对今日产品进行了解

对今天要播的产品提前打印一份详解材料,标记好重点,充分了解产品卖点、优惠方式、主推选项和直播话术等,以便于直播排序和直播讲解(可以将此表格打印出来,在直播前进行了解)。表 5-30~表 5-32 是不同类目产品的信息、卖点及参考话术。

表 5-30 美妆日用家居食品等非服饰类目

店铺名称	产品名称	规格	原价	直播间到手价	优惠方式	主推色号	卖点及话术
COMO官方旗舰店	COMO放肆丝绒唇釉	4.5mL	159	74.9	[价格优惠]直播间15元优惠券+拍立减20元 [直播间赠品]送正装眼线笔0.3紫红色+粉底液试用装1mL（领取赠品需备注博主名字）	1号 2号 4号 14号 15号	(1) 卖点 ① 哑而不干(保湿度高,雾面丝滑) ② 不显唇纹(添加牛油果油,显色均匀,触感绵柔) ③ 不脱妆(一摸成膜,保湿锁色,满分待装) ④ 丝绒刷头,角度精准服帖,轻松勾勒唇形 (2) 话术 ① 雾感高级美(百变造型,可爱可甜,多场景妆容必备,薄涂素颜搭,厚涂气场强) ② 黄皮闭眼入(不挑肤色,黄皮亲妈,白皮黄皮涂色对比,显肤白/显牙白,素颜可涂,无滤镜试色) ③ 俘获拔干党,(丝滑质地,边唇纹,不粘腻/不粘头发,唇上天鹅绒) ④ 多种使用方式(唇釉使用在脸部不同位置,如腮红眼影俏皮装饰,配合定制妆容打造,一只唇釉化全妆) ⑤ 性价比高,大牌断货王同色(15号:阿玛尼 405)(CHANEL 同款同色) ⑥ 涂法(如何涂出饱满丰唇感,打造微笑唇,如何画好唇峰)

表 5-31 直播话术

序号	话术
1	这款唇釉绝对不拔干,很容易涂抹上色,而且适合各种肤色,绝对性价比高
2	你们去大牌排队都买不到的颜色,在 COMO 可以找到大牌热销同款色,肤感及妆效完胜大牌唇釉
3	想要给人温柔的感觉可以选择豆沙色系,想要有高级女王气质的感觉可以选择红色系,想要个性时尚的感觉可以选择橘色系,当然想要可爱甜美的感觉可以选择粉色系。你在 COMO 的唇釉系列里面都可以找到相对应的颜色
4	你们想买完全不显唇纹的唇釉吗？这就是最好的选择,涂抹完非常显白,美出天际
5	这就是周也同款,哇,不就是最近非常火的电影(少年的你)的女主嘛。好厉害。COMO 居然请到周也做代言人,你们一定要买周也同款唇釉

表 5-32 珠宝类产品

产品话术(关键词)	引导购买话术
① 克拉 ② 莫式硬度 例如,滑石的硬度为 1＜石膏 2＜方解石 3＜萤石 4＜磷灰石 5＜正长石 6＜石英 7＜黄玉 8＜刚玉 9＜金刚石 10 ③ 净度:宝石的净度等级越高,价值就越高 ④ 光泽:宝石光泽可分为金属光泽、金刚光泽、玻璃光泽、油脂光泽、丝状光泽、珍珠光泽等 ⑤ 透明度:珠宝玉石材料透光的程度,可依次为透明、亚透明、半透明、微透明和不透明 ⑥ 火彩:宝石带有的七彩光。钻石的火彩分为内部火彩、外部火彩、色散火彩、散光火彩等 ⑦ 刻面、素面、蛋面 ⑧ 瑕疵:瑕疵泛指珠宝玉石表面、内部的脏绺、裂绺、色斑、线纹、包裹体等缺点 ⑨ 爪镶、包镶、夹镶 ⑩ 钻石成色:对钻石的白色程度分级,D 为最高级,而 Z 为最低级。对钻石来说,颜色越少,成色分级越高	① 价格攻势 例如,大家买钻戒一辈子也不会买几次,我们今天这个优惠也是一年到头也没有的,过了今天就再也买不到这个价格了。 ② 换位思考 例如,大家买项链一定要考虑全面,钻石的成色、净度、光泽都要考虑进去,我们家这款项链,这个成色项链别家都是需要××元

2. 对今日产品进行排序

了解产品的卖点、价格等基础信息后,开始针对本场直播,进行产品的排序。这在直播中是比较重要的一环,针对粉丝喜好,产品价格还有优惠力度,进行一个好的排序,不仅能完善直播流程,让直播更顺畅,还可以让直播的售卖效果更好,如表 5-33 所示。

表 5-33 直播顺序

序号	时 间		
	9:00—11:00	11:00—13:00	13:00—15:00
1	9.9 干脆面秒杀	萨拉米小鸡腿	夹心麦芽饼干
2	早餐小面包	三只松鼠零食大礼包	澳门手信大礼包
3	认养一头牛酸奶	大溪地牛排	芒果
4	妈妈咪呀燕麦粥	红酒	核桃
5	三只松鼠坚果礼盒	大溪地小龙虾	巧克力
6	波力海苔	天海藏扇贝	情人节礼盒
7	金丝猴奶糖(福利)	酸辣粉	—
8	手抓饼	薄荷糖	—
9	龙大火腿肠	黄桃罐头	—
10	—	苹果	—

3. 设备的检查、调试、测试

对灯光、器材、账号、网络等进行调试和测试，商品提前摆放好。所有准备就绪，即可开播，切记开播一定要准时。

（二）执行流程优化方案

1. 直播中的产品分配和流程规划

产品分配和流程规划如图5-26所示。

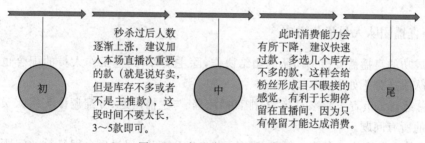

图5-26 产品分配和流程规划

2. 直播过程中突发状况的应急处理

（1）产品推不动。根据在线人数上涨或下跌可以看出粉丝对本款产品的喜爱程度和购买欲，若发现在线下降幅度大，工作人员可提醒主播快速过款或者减少讲解时间开价格，不要在推不动的款上浪费太多时间。

（2）原定的顺序乱掉了。出现这样的情况一般是主播节奏被粉丝带走，粉丝要求先上什么，主播就忍不住打乱顺序按照粉丝来，一般来说既定的顺序不要变，除非在线下降需要提高一下气氛或者之前某些产品讲解时间过长，可以把原定产品适当延期。

（3）直播间气氛下跌。当粉丝一直在乱刷屏，或者发现自己的直播流程出现松动时，可以进行一波福利和红包，这种东西一场直播准备得多一点比较好，随时拿出来用，调节气氛、提升人气，还可以给主播喘息之机。

3. 直播时间选择推荐

（1）服饰类。主要分为三个时间段开播：7:00、13:00、19:00，如表5-34所示。

表 5-34　服饰类开播时间

时间	推 荐 原 因
7:00	这段时间大主播开播较少,竞争压力小,前期进人会多一些,有助于培养新粉
13:00	适合有一定粉丝基础的主播,这段时间是下午进人的黄金时期,而且不用早起,不用熬夜,这个时间段的选择对身体比较好
19:00	这个时间段开播的大主播很多,竞争压力大,同样晚上的流量也大,会比白天观看直播的人多。选择这个时间点的主播,一定要熬一段时间,因为前期进人可能比白天的主播少,但是稳定后会比白天直播的主播有流量优势

（2）珠宝类。比较推荐 19:00 左右开播,同样的道理晚上流量大。珠宝产品不是快消品,不会在短时间内决定消费,晚上下班时间消费者有空间和时间参与到直播间的购物氛围中,更好地促成消费。

（3）美妆类。比较推荐早上时间段 7:00—9:00 开播,这段时间可以一边直播一边化妆,有亲切感和用户身临其境的感觉,若早上实在不方便,可以选择 19:00—20:00,中午时间不推荐。

（4）食品类。推荐中午或者深夜,深夜是食品类最容易下单的时间。其他品类可根据服饰类选择。

（三）直播团队人员优化方案

一场成功的直播需要整个团队的团结协作,除主播外,其他工作人员的配合也很重要,合理的团队成员分工如下。

（1）总运营。负责与商家对接、安排直播流程、与主播沟通、分配调度工组人员、解决直播中遇到的所有问题。

（2）中控台负责人。负责上链接、改价、发公告和卡片、通过后台回复粉丝问题等。

（3）助播。帮忙试穿衣服、搭配、排序和回复粉丝问题,善于见机行事。

（4）场控。负责配合主播直播,营造直播气氛,一般多为老板角色,可适当引领直播间节奏。

（5）专业搭配师和灯光师。负责直播间的商品摆放、服装搭配和灯光等。

（四）主播关键能力优化方案

对直播来说,主播专业知识越强,吸引粉丝的概率便越高,以服饰主播举例,主播对于每天要直播的衣服,包括面料、成分、品牌和价格要有充分的了解。这样才能在直播期间,既可以信手拈来地进行场景搭配,又可以在讲解的时候显得自己很专业,让粉丝更信赖,更有想购买的冲动。主播要注意培养以下几个方面的能力。

（1）商品讲解专业,产品卖点清晰,商品的熟悉程度高,清楚产品卖点,避免直播"翻车"。

（2）口播能力强,态度热情,语调不失平和,洞察用户心理,语言表达清晰且有煽动力,了解粉丝心理。

（3）种草型 KOL,直播带货成功率高,已有粉丝积累,更了解带货行业,可快速进入角色。

（4）话"风"独特，带动节奏，加深用户印象，放大主播在用户群体、媒体间的传播，让主播有更多话题，利于涨粉。

自我练习

一、单项选择题

1. "复盘"原是（　　）术语。
   A. 象棋　　　　B. 围棋　　　　C. 军棋　　　　D. 跳棋
2. 复盘最好在（　　）进行。
   A. 直播　　　　B. 直播时　　　C. 直播刚结束时　D. 直播后第二天
3. 单场直播转化新粉占比低于（　　）时，就说明陌生用户没有被你的直播内容吸引。
   A. 6%　　　　　B. 10%　　　　C. 15%　　　　　D. 5%
4. 关于复盘，下面说法错误的是（　　）。
   A. 复盘主要是总结本场直播的经验
   B. 复盘能直面问题，有助于避免同样的错误，降低成本
   C. 复盘能让自己不停地校准方向，不断纠正错误
   D. 复盘有助于找到规律，固化流程和做法
5. 用户分析可以从其社会属性、心理属性、兴趣特征、消费特征、位置特征、设备特征、行为数据、社交数据等维度进行分析。下面不属于心理属性的是（　　）。
   A. 能力　　　　B. 气质　　　　C. 购买偏好　　　D. 价值观
6. 下面（　　）不属于用户画像分析的作用。
   A. 精准营销　　B. 数据挖掘　　C. 用户统计　　　D. 更好的忽悠顾客

二、多项选择题

1. 用户分析可以从（　　）等维度进行分析。
   A. 社会属性　　B. 心理属性　　C. 兴趣特征　　　D. 社交数据
2. 用户画像分析的作用包括（　　）。
   A. 精准营销　　　　　　　　　B. 数据挖掘
   C. 用户统计　　　　　　　　　D. 行业报告和用户研究
3. 下面属于用户行为数据的是（　　）。
   A. 新粉丝数　　B. 年龄　　　　C. 付费人数　　　D. 加购收藏数
4. 下面属于直播带货数据的是（　　）。
   A. 付费人数　　B. 付费金额　　C. 商品点击率　　D. 询单率
5. 直播前的准备优化方案包括（　　）。
   A. 对今日产品进行了解　　　　B. 对今日产品进行排序
   C. 设备的检查、调试、测试　　D. 考虑直播间气氛下跌怎么办

三、判断题

1. 复盘主要是总结本场直播的经验。（　　）
2. 复盘能直面问题，有助于避免同样的错误，降低成本。（　　）

3. 直播后的复盘有助于找到规律,固化流程和做法。(　　)
4. 对用户使用画像分析可以进行精准营销。(　　)
5. 直播前无须对产品进行了解。(　　)

任务五　直播营销策划

短视频营销和
直播营销

微博和微信的特点
以及运营策略

头条营销和
知乎营销

社群营销和社交
电商营销

 项目任务书

课内学时	4	课外学时	2
知识目标	1. 对直播营销策划有初步的了解 2. 理解营销策划对直播的重要意义		
技能目标	1. 能够策划并执行直播前的引流活动 2. 能够在直播中通过活动策划增加对粉丝的经营促进销售		
素养目标	1. 增强诚信守法的意识 2. 培养法制意识,建立制度自信 3. 树立正确的经营思想和经营理念		
项目任务描述	1. 观看直播案例,了解营销策划方式并分析活动效果 2. 开播前的引流活动设计 3. 直播中的粉丝活动设计 4. 直播中的促销活动设计		
学习方法	1. 听教师讲解相关知识 2. 动手实践		
所涉及的专业知识	1. 直播间的引流活动 2. 直播间的营销手段		
本任务与其他任务的关系	本任务与其他任务为平行关系。本任务所组建的团队在以后的任务中会继续延用		
学习材料与工具	材料:①项目任务书后所附的基本知识;②在线视频资料 工具:项目任务书、任务指导书、手机、计算机、笔		
学习组织方式	部分步骤以团队为单位组织,部分步骤以个人为单位组织		

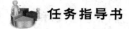
任务指导书

完成任务的基本路径如下。

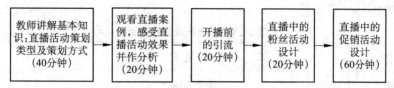

第一步,听教师讲解直播活动策划的基本知识,填写基本知识测试表5-35。

表5-35 直播活动策划基础知识测试

直播间预热引流的三个板块		
1.	2.	3.
直播间常见的营销手段		
1.	2.	3.

第二步,观看直播案例。观看不同直播平台不同类型的带货直播,填写直播案例观看总结表5-36。

表5-36 直播案例观看总结

序号	直播平台	直播账号/主播	引流方式	直播中的活动策划	分析点评
1					
2					
3					
4					
5					
备注:					

第三步,设计开播前的引流活动。以团队为单位,对定期开展的直播,根据主题和直播内容,设计适当的引流方式,并实施,填写开播引流方案表5-37。

表5-37 开播引流方案

直播信息				
直播时间		直播主题	1.	2.
主播		带货产品	1.	2.
引流方案				
序号	引流类型	引流发布平台	具体操作	效果预估
1				
2				
3				
4				
备注:				

第四步,直播中的粉丝活动设计。以团队为单位,对定期开展的直播,根据主题和直播内容,设计直播过程中的活动,用于涨粉或者吸引粉丝注意力,增加在直播间的停留时间,填写直播粉丝活动设计表 5-38。

表 5-38 直播粉丝活动设计

直 播 信 息				
直播时间		直播主题	1.	2.
主播		带货产品	1.	2.
直播中粉丝活动设计				
序号	活动类型	具体操作	主要目标	效果预估
1				
2				
3				
4				
备注:				

第五步,直播中的促销活动设计。以团队为单位,对定期开展的直播,根据主题和直播内容,设计直播过程中的促销活动,用以促进下单或转发裂变,增加直播带货的销售业绩,填写直播促销活动方案表 5-39。

表 5-39 直播促销方案

直 播 信 息				
直播时间		直播主题	1.	2.
主播		带货产品	1.	2.
直播中促销活动设计				
序号	活动类型	具体操作	主要目标	效果预估
1				
2				
3				
4				
备注:				

项目任务评分标准及评分表

任务五 "直播营销策划"评分标准及实际评分表（总分10分）

班级：_____　　　学生姓名：_____　　　学生学号：_____

考核标准	分值明细			
	1	3	3	3
任务产出	观看直播案例，填写观看总结表	开播引流方案	直播中的粉丝活动设计	直播中的促销活动设计
评分标准	写出一条总结，得分0.2分，总分不超过1分	写出一条方案，得分0.5分，总分不超过3分	写出一条活动，得分0.5分，总分不超过3分	写出一条活动，得分0.5分，总分不超过3分
实际得分				
总得分				

基本知识

一、直播间预热引流的三个板块和三个阶段

直播带货围绕"人、货、场"三个维度，其中，人是核心。如果直播场地布置好了，直播的商品也规划好了，但是没有用户，那直播也就没有了意义。

直播带货的最终目的是将商品卖给用户，要想实现这个目的，首先要吸引用户进入直播间，直播间预热就是吸引用户进入直播间的一种重要宣传方式，直播预热是保证直播流量的基础，更是增加粉丝的重要手段。

　　　直播引流　　　　　　流量案例

（一）直播间预热引流的三个板块

1. 私域流量的稳固提升

私域流量，书面含义是指私人领域的访问量，现实生活中，私域流量多用于互联网语境，是指可以在任意时间、频次、场景，可以直接触达用户的渠道。

（1）在淘宝直播中，可以利用的私域场景包括店铺首页、商品详情页、店铺微淘等，如图5-27所示。

（2）设置淘宝直播预告的方法如下：点开淘宝直播App，选择"创建预告"；填写信息，提

交发布后进入审核。如图 5-28 所示,建议 16∶9 封面图为浅色或纯色背景,不要包含文字,也不要太花哨。

图 5-27　淘宝直播私域流量入口

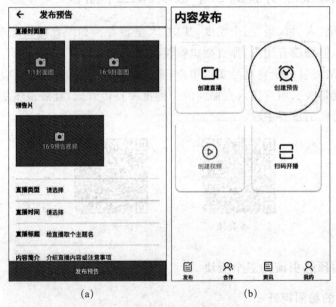

图 5-28　淘宝直播预告创建

淘宝直播间在设置直播预告时,需要注意以下几个问题:①预告视频尽量不要有水印,禁止添加字幕;②视频应为横屏,画面长宽比例为 16∶9;③视频画面要整洁,内容主次分明;④对于第二天的直播,前一天的直播预告至少要在当天 16:00 点前发布,否则,淘宝直播平台将不予审核浮现。

（3）对抖音、快手等短视频平台，直播间预热可以更新在账号名和账号简介中（见图 5-29）。例如，在账号名中加括号备注"今晚 8 点直播"，也可以在账号简介中以文案的形式说明自己的直播时间，如"每天晚上 8 点直播，还有手机平板送不停"。

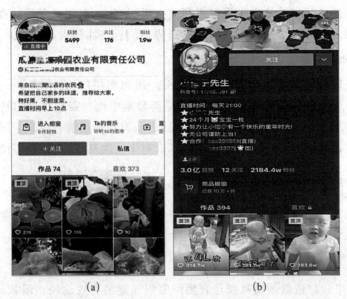

图 5-29　账号简介中预告直播时间

2. 公域流量的创新获取

公域流量其实就是初次主动或被动参与到开放平台的内容曝光中的流量。直播间利用公域流量引流的渠道有微信公众号、微博、社群、短视频等。

（1）微信公众号预热引流。在微信公众号中进行直播预热，插入贴片或海报，并且清楚地说明直播的时间和主题，如图 5-30 所示。

图 5-30　微信公众号预热引流

(2) 微博预热引流。很多电商主播经常通过微博账号进行自己的直播预热,内容中包含具体的直播时间、直播的主题、直播的嘉宾等。

(3) 短视频预热引流。短视频有着自带的流量,直播间一般要在开播前的3小时发布短视频为直播预热。短视频的内容可以用利益点吸引观众,例如,"来我的直播间,免费得手机";用之前直播间中的趣事来为下一场直播造势;真人出镜,预告直播时间等。

3. 短视频引流策略

直播间想要通过短视频快速积累流量,沉淀一批忠实用户,必须结合一些策略与技巧。

(1) 尝试热点。热点是人们关注的焦点,是流量集中地。需要注意的是,借势热点也需要一定的技巧,要通过一定的创新将自身的产品或品牌和热点融合起来。同时,有些热点虽然受到广泛关注,但可能涉及暴力、宗教、政治等,对于这类热点,要格外谨慎。

如何策划爆款短视频选题　　短视频脚本策划与运用

(2) 爆款策略。打造爆款短视频是直播间吸引流量的有效途径。爆款短视频不但可以引发广泛的话题讨论,还能刺激人们主动进行口碑传播,但打造爆款短视频并非一件简单的事情,既需要具备较强的内容生产能力,又要擅长对内容进行运营。

(3) 趣味性。趣味性内容向来是人们关注的焦点,毕竟在生活节奏越来越快的当下,人们在日常生活与工作中背负了太多的压力和负担,通过趣味性内容放松身心、缓解压力就成为一件很自然的事情。短视频引流,也可以尝试通过为目标用户提供趣味性短视频内容来吸引其关注。

(4) 差异化内容。想要在海量的短视频中脱颖而出,必须打造差异化内容,使内容具备一定的特色。例如,有的短视频接地气,有的短视频"高大上",有的短视频分享技巧和经验,有的短视频提供轻松愉悦的小故事等。在同质竞争异常惨烈的移动互联网时代,即便在仍处于红利期的短视频上,也要确保内容差异化,能够给用户带来眼前一亮甚至超乎其预期的观看体验。

(二) 直播间引流的三个阶段

1. 直播前预热引流

在直播的前一天或者前几小时进行预热,需要披露直播的话题,强调主播的身份以及直播的福利号召,预热的目标就是加粉,让更多的人关注直播间。

2. 直播期间产品福利引流

大多数主播在一次直播中,要推荐十几款商品,甚至更多,这些商品不可能全部都是"爆品",那怎么留住用户,维护好直播间的氛围呢,需要合理地安排商品的推荐顺序。

(1) 剧透商品、互动预热。主播可以根据直播间人数的变化,引导性地告诉用户,今天直播间的推荐商品都有哪些,优惠力度有多大,主播可以适时地让大家在公屏上活跃起来,打上一波例如"666""想要"等。

(2) 剧透预热结束后，直播间的氛围已经开始升温，主播这时可以宣布直播正式开始，并通过一些性价比较高的"宠粉"款商品吸引用户，激发互动热情，并让用户养成守候主播开播的习惯，增强用户的黏性。但"宠粉"款商品不能返场，卖完以后，即使用户要求返场的呼声再高，主播也不能心软，可以告诉用户第二天直播开始时仍然会有性价比超高的商品，以此提升用户的留存率。

(3) "宠粉款"结束后，就要用"爆款"来打造本次直播的高潮，主播可以利用直播最开始的剧透引出"爆款"，并在接下来的大部分时间里详细介绍爆款商品，通过与其他直播间或场控或者联盟商家的互动来促成"爆款"的销售，将直播间的购买氛围推向高潮。

(4) 直播的下半场，希望用户持续地留在直播间，主播就要推出福利款商品，推荐一些超低价或物超所值的精致小商品给用户，引导用户积极互动，从而制造直播间下半场的小高潮，提升直播场观。

(5) 在下播前给用户作指引，预告下次直播的时间、内容。

3. 直播结束后种草、转化引流

在直播结束的当天或者第二天、当周，高频地发布视频，总结直播间内容或者披露产品、品牌的更多细节，引导用户更加了解产品、品牌，并且认可他们，号召用户主动获取订单优惠。

二、直播间的营销手段

（一）品牌直播间营销手段

2021年，直播赛道彻底爆发，成为品牌营销的常规动作，仅是直播，就有很多品牌玩儿出了新花样。可能有的品牌直播间是不经意火爆出圈，也有的直播间是通过精心策划吸引流量，但是这也表明，直播间已经不单单是卖货。

直播间也可以承载用户的情绪，例如鸿星尔克、汇源果汁、蜂花直播间，如图5-31所示。

(a) 鸿星尔克直播间　　　　(b) 蜂花直播间

图 5-31　品牌直播间

鸿星尔克直播间火爆的原因不是来自鸿星尔克的营销行为,而是来源于鸿星尔克为河南捐款 5 000 万元。

在宣布向河南捐赠 5 000 万元物资后,网友纷纷评论称,"娘嘞,感觉你都要倒闭了,还捐了这么多……""你好糊,我都替你着急啊,怕你倒闭。"并且在 7 月 22 日鸿星尔克日常直播时,200 万观众冲到鸿星尔克直播间,在此也衍生出了一种消费行为——野性消费。众多网友称尽管自己下单购买,也不需要发货,只是想支持一下鸿星尔克,最终相关数据显示,鸿星尔克在 7 月 23 日销量增长超 52 倍。野性消费是鸿星尔克直播间的关键词。网友们通过自己的实际行动来表达对濒临破产还捐巨款给灾区的国有企业的支持。这也是属于品牌直播间独有的现象。

因为在直播带货兴起前,网友对品牌公益捐款的表现大多只是在社交媒体上进行点赞、评论或者输出观点,而现在网友们的行为趋向于对品牌方的产品进行下单。

这不仅是因为下单更能够表达情感,还有更重要的一个原因在于商品属于客单价低、高频的品类,对网友来说属于刚需品。

它也可以成为话题的起点,例如鸭鸭羽绒服雪山直播、佰草集宫廷戏直播。不仅是直播,而且可以在后续发酵为话题,源源不断地为品牌带来流量。

佰草集直播间是 2021 年比较具备创意的直播间(见图 5-32)。因为和其他直播间突然爆火不同的是,佰草集直播间是实实在在策划出来的直播间,无论是场景搭建还是主播话术,都是经过精心的设计。将古装剧与直播带货相结合,无论是服装还是话术,都给观众带来一种"沉浸感",让用户身临其中,在回答观众问题的时候,拒绝了以往的回应方式,而是采用古代一些常用的称呼,例如公主、娘娘、王爷、主子、格格等。

(a) (b)

图 5-32　佰草集直播间

除此之外,佰草集还将这类创意产品化,产出了一系列宫廷剧的视频,在抖音平台上进行传播。佰草集的直播间给了一个新的思路,除了给观众低价外,还可以在直播间的形式上做出改变。

这就相当于在人货场中,除了人和商品,在场这个因素中做出改变,这也给了很多品牌在直播间打造方向上的一些参考。

(二)常见直播间营销手段

1. 派发红包

给用户实际的利益,是主播聚集人气、与用户互动的有效方式之一。现在许多新手主播的直播间都会标明,关注满多少就发红包等。此类活动能够在最短的时间内引导粉丝关注,对于刚起步的直播间来说,容易产生较好的数据。但要注意这样吸引的粉丝质量不高,黏度也不高,后期转化费力。还有一些粉丝在领取红包后就直接取关,所以后续的粉丝沉淀至关重要。

2. 点赞上粉丝福利

点赞也是直播间比较常见的活动,因为操作简单,门槛比关注主播低,大部分粉丝都愿意配合,这个活动一般是用于增加粉丝黏度,例如点赞满多少,就上粉丝福利款。但这个活动需要注意,商品不需要多贵,但一定要保证质量,否则容易死粉。

3. 抽奖送礼物

抽奖送礼物一般用于带动直播间的气氛和增加粉丝黏度,有些主播会一开始就直接来一波关注抽奖,也有些主播会在直播中间热推产品过去之后,来抽奖维持粉丝的情绪,这个具体看主播的目的,这种活动是比较受粉丝欢迎的。这里需要注意,抽奖就抽奖,因为名额较少,建议不要设置门槛,否则容易引起粉丝反感。

4. 秒杀活动

对于秒杀,无论商家还是消费者都已经是司空见惯,特别是直播间起步期秒杀活动做得要相对频繁,这样有利于促进前期的直播间转化成交的数据,这类活动要注意,秒杀产品一定要跟正价买的产品一致,否则就是对粉丝的伤害,还有就是频繁秒杀容易对老顾客造成伤害,怎么去平衡,则需要根据实际情况进行。

5. 优惠券

直播间最大的特点之一就是有优惠券,所以商品价格一般会比直接去店铺购买便宜些,这也是直播间吸引粉丝的重要手段,但要注意的是,优惠券发放和领取的过程不要太复杂,太过复杂的容易让粉丝放弃。

6. 设计促销活动

不同的节日,在做直播促销活动时,是要区别设计的,如表 5-40 所示。

表 5-40 不同类型的促销活动

类 型	说 明	举 例
纪念促销	利用用户对特殊节日或者日期的一种仪式感心理	"3·8"女神节 ××品牌日

续表

类 型	说 明	举 例
引用举例时促销	对产品卖点、特性、效果对比等进行介绍	××新品首发 妈妈用了都说好
限定促销	利用物以稀为贵的心理,制造紧迫感,限时、限量	仅剩100件,限量
组合促销	合理组合产品,充分发挥整体优势和效果	搭配、捆绑促销
主题促销	给用户一个购买的理由,规避价格战对品牌造成的伤害	"双十一"购物狂欢节
临界点促销	给用户一种占便宜的感觉	全网最低价
借力促销	借助外力或别人的优势资源达到自己制定的营销目标	××明星同款

自我练习

一、单项选择题

1. 直播带货围绕的三个维度中,核心是（   ）。
   A. 人　　　　B. 货　　　　C. 场
2. 私域流量多用于互联网语境,是指可以在任意时间、频次、场景,可以直接触达（   ）的渠道。
   A. 商家　　　B. 产品　　　C. 用户
3. 很多电商主播经常通过微博账号进行自己的直播预热,内容中包含具体的（   ),直播的主题,直播的嘉宾。
   A. 直播时间　B. 直播内容　C. 直播主播
4. 直播间利用公域流量引流的渠道有微信公众号、微博、社群和（   ）。
   A. 短视频　　B. 小程序　　C. 朋友圈
5. 爆款短视频不但可以引发广泛的话题讨论,还能（   ）。
   A. 刺激人们主动进行口碑传播
   B. 让用户爱看
   C. 福利款商品提升直播场观
   D. 下播前给用户做指引,预告下次上播的时间、内容
6. 设定直播间促销活动,限定促销是利用了（   ）的心理,制造紧迫感,限时、限量。
   A. 物以稀为贵　B. 从众心理
7. 直播间说"全网最低价",是属于（   ）促销方式。
   A. 借力促销　　B. 临界点促销　　C. 限定促销
8. 短视频有着自带的流量,直播间一般要在开播前的（   ）小时发布短视频为直播预热。
   A. 10　　　　B. 6　　　　C. 3
9. 直播的下半场,希望用户持续地留在直播间,主播就要推出（   ）商品,推荐一些超低价或物超所值的精致小商品给用户,引导用户积极互动,从而制造直播间下半场的小高

潮,提升直播场观。

  A. 福利款 B. 宠粉款 C. 爆款

10. (　　)活动需要注意,商品不需要多贵,但一定要保证质量,否则容易死粉。

  A. 加关注 B. 点赞 C. 发红包

二、多项选择题

1. 直播间想要通过短视频快速积累流量,沉淀一批忠实用户的策略有尝试热点、(　　)和差异化内容。

  A. 多渠道投放 B. 付费引流 C. 爆款策略 D. 趣味性策略

2. 直播间引流的三个阶段包括(　　)。

  A. 直播前预热引流

  B. 直播期间产品福利引流

  C. 直播结束后种草、转化引流

3. 直播期间用产品福利引流包含下列(　　)方式。

  A. 剧透商品、互动预热 B. 宠粉产品吸引用户

  C. 爆款产品打造高潮 D. 推出福利款商品

  E. 下播前做指引

4. 直播间常见的营销手段有(　　)。

  A. 派发红包 B. 点赞上粉丝福利 C. 抽奖送礼

  D. 秒杀 E. 优惠券 F. 设计促销活动

5. 淘宝直播间在设置直播预告时,需要注意(　　)问题。

  A. 预告视频尽量不要有水印,禁止添加字幕

  B. 视频应为横屏,画面长宽比例为16∶9

  C. 视频画面要整洁,内容主次分明

  D. 对于第二天的直播,前一天的直播预告至少要在当天16:00前发布;否则,淘宝直播平台将不予审核浮现

三、判断题

1. 在淘宝直播中,可以利用的私域场景包括店铺首页、商品详情页、店铺微淘等。(　　)

2. 给用户实际的利益,是主播聚集人气、与用户互动的有效方式之一。(　　)

3. 直播间优惠券的设置越复杂越好。(　　)

4. "宠粉款"结束后,就要用"爆款"来打造本次直播的高潮。(　　)

5. 直播间秒杀产品可以随便选择什么产品都可以。(　　)

参 考 文 献

[1] 王乃考. 直播经济"互联网＋泛娱乐"时代的连接变革[M]. 北京:中国铁道出版社,2017.

[2] 刘东明. 直播电商全攻略:IP 打造＋实战操作＋店铺运维＋直播转化＋后台管理[M]. 北京:人民邮电出版社,2020.

[3] 杨浩. 直播电商[M]. 北京:机械工业出版社,2020.

[4] 梁芷璇. 电商直播的传播特征、问题及对策研究——以淘宝直播为例[D]. 兰州:兰州财经大学,2019.

[5] 钟丹. 场景理论视域下网络直播平台传播策略研究——以"直播＋电商"平台为例[D]. 武汉:湖北大学,2018.

[6] 隗静秋,廖晓文,肖丽辉. 短视频与直播运营 策划 制作 营销 变现:视频指导版[M]. 北京:人民邮电出版社,2020.

[7] 徐俊骅,陈郁青,宋文正. 直播营销与运营:微课版[M]. 北京:人民邮电出版社,2020.

[8] 常珂璨. 网络主播的职业身份认同研究[D]. 广州:广州大学,2018.

[9] 邓燕玲,高贵武. 直播带货带来了什么 网络直播带货的机遇与思考[J]. 传媒圈,2020(7):95-99.

[10] 淘宝直播 PC 客户端使用手册. https://tblive.m.taobao.com/wow/tblive/act/tblivestudio-help? spm＝a1z9u.8142865.0.0.508f7997uZPr0e.